INTRODUÇÃO AO
DIREITO AGRÁRIO

Autores
ROBERTO WAGNER MARQUESI
YAGHO WILLIAN PRENZLER DE SOUZA

INTRODUÇÃO AO DIREITO AGRÁRIO

Prefácio de
Ministro André Luiz de Almeida Mendonça

GZ
EDITORA

Rio de Janeiro
2024

1ª edição – 2024

Diagramação: *Olga Martins*

Imagem da capa: Oleksandr Ryzhkov no Freepik

CIP-BRASIL. CATALOGAÇÃO NA PUBLICAÇÃO
SINDICATO NACIONAL DOS EDITORES DE LIVROS, RJ

M317i

Marquesi, Roberto Wagner
Introdução ao direito agrário / Roberto Wagner Marquesi, Yagho Willian Prenzler de Souza ; prefácio André Luiz de Almeida Mendonça. - 1. ed. - Rio de Janeiro : GZ, 2023.
223 p. ; 24 cm.

Inclui bibliografia e índice
ISBN 978-65-5813-076-5

1. Direito agrário - Brasil. I. Souza, Yagho Willian Prenzler de. II. Mendonça, André Luiz de Almeida. III. Título.

23-85307
CDU: 349.42(81)

Gabriela Faray Ferreira Lopes - Bibliotecária - CRB-7/6643

27/07/2023 02/08/2023

contato@editoragz.com.br
www.editoragz.com.br
Estrada do Capuava, nº 1325 - Box Q - CEP 06715-410
Bairro Barro Branco - Município de Cotia - SP
Tels.: (0XX21) 99585-0737 / 99755-0737

Impresso no Brasil
Printed in Brazil

PREFÁCIO

São impressionantes os números referentes à participação do setor agropecuário, hoje alcunhado agronegócio, no Produto Interno Bruto (PIB) brasileiro. Fator único de resiliência econômica durante o período mais agudo da pandemia da Covid-19, o que propiciou um recuo da atividade econômica bem menor do que o projetado inicialmente, o setor agropecuário irrompe o ano de 2023 batendo novos recordes de produtividade e exportação. De acordo com o Instituto de Pesquisa Econômica Aplicada (IPEA), a projeção de crescimento do PIB para 2023, estimada no final de março desse ano em 1,4%, se deverá ao acréscimo esperado de 0,6% no setor de serviços, de 0,4% na indústria, e de estrondosos 11,6% na agropecuária[1].

Mais do que a evidente importância econômica, que se reflete positivamente na geração de emprego, renda, tributos e, portanto, no desenvolvimento nacional – um dos objetivos fundamentais da República, conforme dispõe o art. 3º, II, da Constituição Federal –, os números confirmam a irrenunciável vocação agrícola do Brasil, comissionado pela natureza a contribuir decisivamente para a alimentação da humanidade. O setor agropecuário brasileiro, atualmente, movimenta bilhões de reais, interage com todos os demais segmentos econômicos e beneficia, direta ou indiretamente, a vida de cada habitante deste país.

Segue daí a relevância ímpar da obra que tenho a honra de prefaciar, escrita por Roberto Wagner Marquesi e Yagho Willian Prenzler de Souza, professores, pesquisadores e advogados militantes do Direito do Agronegócio, radicados na querida cidade de Londrina, Paraná, pela qual nutro especialíssima afeição, já que foi onde iniciei, há mais de duas décadas, minha carreira profissional na Advocacia-Geral da União. Tendo residido por seis anos em Londrina, posso testemunhar a pujança agrícola, econômica e social de toda a região norte do Paraná, fruto do seu povo laborioso e acolhedor.

Devo dizer, desde logo, que o presente livro constitui objeto indispensável na biblioteca de todos os operadores do direito, especialmente advogados e magistrados, que lidam com causas sobre o Direito Agrário. Com singular didatismo e objetividade, penso que o grande mérito deste trabalho, para além do seu conteúdo atualizado com o estado da arte das matérias nele tratadas, é o fato de, em obra única, o leitor ter em mãos verdadeira compilação customizada dos principais institutos jurídicos da atividade agrícola, afetos

1 Fonte: IPEA. Disponível em https://www.ipea.gov.br/portal/categorias/45-todas-asnoticias/noticias/13650-ipea-mantem-previsao-de-crescimento-do-pib-para-2023-em-1-4 Acesso em: 10 jun. 2023.

a distintos ramos do direito, notadamente civil, constitucional, ambiental e empresarial, o que, seguramente, otimizará o tempo – artigo tão escasso nos dias que correm– daqueles em busca de célere e cirúrgica pesquisa.

Engana-se, porém, quem supõe que a concentração em livro único comprometeu a abrangência ou a qualidade do seu objeto. Com admirável poder sintético, os autores apresentam os princípios que regem o Direito Agrário, delineiam com a profundidade necessária suas figuras jurídicas basilares, distinguindo bem os conceitos fundamentais para a compreensão maior do tema, como a arguta distinção entre propriedade e posse, e ilustram as lições com quadros sinóticos, exemplos, modelos e referências jurisprudenciais atualizadas, provenientes, sobretudo, do Superior Tribunal de Justiça e do Supremo Tribunal Federal. Discorrem, ademais, sobre as múltiplas modalidades contratuais passíveis de celebração no ambiente rural, típicas e atípicas, o que confere à obra poderoso valor prático, especialmente aos advogados que militam na área.

A estreita vinculação que o agronegócio deve manter, por inafastável dever jurídico e imperioso compromisso ético-humanitário, com a sustentabilidade ambiental – demanda do século XXI que extrapola as fronteiras nacionais –, também não passou despercebida pelos autores. Dando especial destaque à questão, dedicaram um capítulo inteiro à explanação dos principais institutos e conceitos jurídicos relacionados à atividade agrária e ao ambiente natural, nesse que talvez seja o grande desafio conciliatório do país na presente quadra histórica: cumprir, de forma equânime, equilibrada e proporcional, os comandos constitucionais que consagram, na mesma geração de direitos fundamentais da pessoa humana, o desenvolvimento socioeconômico e a sustentabilidade ecológica.

Merecem destaque, ainda, as importantes lições acerca do papel do Estado na formulação e execução da política agrícola nacional, à luz da sua localização constitucional e da legislação complementar, com foco nos instrumentos para a promoção do agronegócio, como os títulos de crédito, explicados em capítulo específico, bem como os debates que envolvem a chamada questão agrária, tema ainda presente no país, que tarda a estabelecer o quanto prescrito no art. 16 da Lei nº 4.504/64 (Estatuto da Terra), vale dizer, "um sistema de relações entre o homem, a propriedade rural e o uso da terra, capaz de promover a justiça social, o progresso e o bem-estar do trabalhador rural e o desenvolvimento econômico do país", objetivo amplamente recepcionado pela ordem constitucional vigente.

Por fim, tenho a convicção de que esta obra contribuirá sobremaneira para a observância do fundamental princípio da segurança jurídica e, portanto, para o fortalecimento do Estado de Direito (rule of law), um dos indicadores de governança do Banco Mundial e fator essencial para consolidar de vez o Brasil, aqui e no exterior, como grande potência agrícola e ambiental, capaz de cuidar do seu povo, alimentar o planeta e preservar o ambiente para a presente e futuras gerações, e tudo isso com paz social no campo e nas cidades. Alcançar tais objetivos passa pelo domínio qualificado das figuras jurídicas mais relevantes que compõem o Direito Agrário, o que, ao final, é exatamente a proposta do presente livro.

Brasília, junho de 2023.

André Luiz de Almeida Mendonça
Ministro do Supremo Tribunal Federal

SOBRE OS AUTORES

ROBERTO WAGNER MARQUESI

Doutor e Mestre em Direito Civil pela Universidade de São Paulo (USP), Largo São Francisco. Mestre em Direito Negocial pela Universidade Estadual de Londrina (UEL). Coordenador do Curso de Especialização em Direito Civil pela Universidade Estadual de Londrina (UEL). Professor dos Programas de Doutorado e Mestrado em Direito Negocial pela Universidade Estadual de Londrina (UEL). Professor da Pontifícia Universidade Católica do Paraná (PUC/PR). Professor na Graduação, Pós-graduação, Mestrado e Doutorado da Universidade Estadual de Londrina (UEL). Sócio Fundador do Escritório Marquesi & Prenzler Advogados, atuando desde 1984 no Direito Agrário.

YAGHO WILLIAN PRENZLER DE SOUZA

Mestre em Direito Negocial pela Universidade Estadual de Londrina (UEL). Professor da Pós-graduação em Direito Civil da Universidade Estadual de Londrina (UEL). Membro do Colégio de Professores da ABDConst. Sócio do Escritório Marquesi & Prenzler Advogados.

SUMÁRIO

Capítulo 2

ATIVIDADE AGRÁRIA E AMBIENTE NATURAL

Capítulo 3
CONTRATOS AGRÁRIOS

Capítulo 4

POLÍTICA AGRÍCOLA

Capítulo 5
TÍTULOS DE CRÉDITO DO AGRONEGÓCIO

Capítulo 6
REFORMA AGRÁRIA

Capítulo 1

TEORIA GERAL DO DIREITO AGRÁRIO

INTRODUÇÃO

O capítulo que ora se inicia abordará as principais figuras do Direito Agrário. Ele é necessário para a compreensão dos capítulos seguintes, com os quais está relacionado. Importantes institutos, como o dos contratos agrários, não podem ser apreendidos sem o prévio conhecimento dessas noções iniciais. O capítulo discorrerá, de início, sobre o conceito de Direito Agrário, sua natureza jurídica e suas relações com os demais ramos do conhecimento. Também apresentará os princípios da disciplina, que, ao longo do Curso, conduzirão o aluno no estudo do conteúdo. Ao final, tratará das figuras centrais do Direito Agrário, como a propriedade e a posse, que são os meios tradicionais de acesso e exploração da terra

1. DIREITO AGRÁRIO: CONCEITO E INTERDISCIPLINARIDADE

Este primeiro tópico tem por escopo oferecer um conceito de Direito Agrário, delimitando o objeto de estudo e, ao mesmo tempo, demonstrando não se tratar de uma disciplina isolada, porém relacionada com outras áreas do saber.

Num passado não muito distante, até os anos 1940 mais ou menos, a expressão "Direito Agrário" sempre apareceu associada à exploração do solo. Por isso seu objeto de estudo centrava-se quase sempre nos contratos agrários, como o de arrendamento e parceria, deixando de lado outros aspectos que, de forma indireta, guardavam relação com a terra, como os títulos de crédito do agronegócio.

Essa postura, presente tanto na doutrina quanto na jurisprudência, via o Direito Agrário como manifestação da cultura da época, sendo certo que a primeira e moderna lei agrária do Brasil surgiria em 1964 e, antes disso, o que se tinha era a velha Lei nº 601/1850, conhecida como Lei de Terras. Assim, o Direito Agrário surge como uma lei voltada para a terra.

Por isso se dizia do Direito Agrário um ramo do direito que regula o cultivo de vegetais e a exploração de animais. Para Paulo Torminn Borges (1994, p. 17), trata-se do "conjunto de normas jurídicas que visam disciplinar as relações do homem com a terra, tendo em vista o progresso social e econômico do rurícola e o enriquecimento da comunidade".

Isso se explica pelo seguinte: no início adotou-se a teoria agrobiológica, que resumia o Direito Agrário à simples relação entre o homem e a terra e os processos biológicos derivados da transformação

Adota-se a "teoria agrobiológica", a sustentar que o elemento diferenciador da atividade agrária são os processos agrobiológicos, vale dizer, as reações naturais que o homem, com sua cultura e atividade agrária, provoca na natureza (CARRERA: 1978, p. 13).

Ocorre que, desde os anos 1970, por influência de variáveis sociais e econômicas, o objeto do Direito Agrário pôs-se em expansão, não mais se achando sempre ligado ao solo. Com a consolidação do princípio da função socioeconômica da terra, o advento do agronegócio e o surgimento de atividades outras no campo, a terra perde sua exclusividade, mas mantém sua centralidade. Ou seja, nem sempre a atividade agrária está diretamente ligada à atividade de produção vegetal ou pecuária. E, não fosse por isso, existe atividade agrária que não se exerce no campo.

Assim, por exemplo, entram no conceito de Direito Agrário o agronegócio, a desapropriação, os títulos de crédito e aquelas culturas que sequer exigem a presença do solo tecnicamente considerado. A hidroponia, por exemplo, técnica em que a planta é deixada embebida de água e nutrientes, não exige terra e pode até ser praticada na cidade.

Além disso tem-se, por exemplo, o regime jurídico das cédulas de crédito rural e os warrants do agronegócio. Nenhum deles está diretamente ligado à terra, pois podem circular por endosso e dissociar-se do produtor rural.

As cédulas de crédito rural são títulos cambiais pelos quais um produtor rural obtém empréstimo em dinheiro, dando em garantia um bem móvel ou imóvel de sua propriedade. Já os warrants são títulos que, provando a entrega de determinado produto rural num Armazém Geral, permitem que o respectivo valor seja negociado pelo depositante.

A ampliação do objeto do Direito Agrário pôs abaixo seu conceito tradicional, de forma que hoje é possível conceituá-lo como o conjunto das normas e princípios que regulam o uso econômico dos produtos primários da terra e as relações jurídicas daí decorrentes. O conceito afeiçoa-se à dinâmica do mundo contemporâneo e, lido em amplo espectro, revela que a agrariedade não se fixa sempre no solo.

Já se vê que o Direito Agrário não é nem poderia ser disciplina autônoma. Como toda ciência jurídica, acha-se relacionado com os outros ramos do direito, como o direito civil, o direito empresarial, o direito cambial, o direito administrativo, o direito constitucional e o direito ambiental. A interdisciplinaridade implica o diálogo das fontes, técnica em virtude da qual o exame de um determinado caso concreto se dá à luz dos vários ramos do direito.

Na visão de Natalino Irti (1991, p. 71), os vários ramos do Direito se entrelaçam e exercem influência um sobre o outro. Na verdade, o direito é como um sistema planetário, no qual a Constituição é o Sol e as várias disciplinas os planetas, enquanto os satélites são os chamados microssistemas. As órbitas de todos eles exercem influências recíprocas.

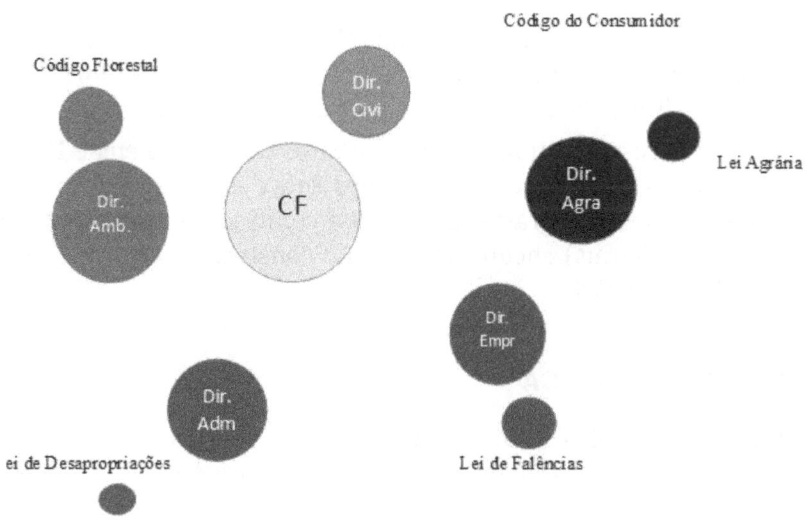

Nítida, por exemplo, a relação com o direito civil, quando se trata de examinar os contratos, que, embora previstos nas leis agrárias (Lei nº 4.504/64 e Dec. 59.566/66, Estatuto da Terra e seu Decreto regulamentador), devem ser vistos sob a principiologia e a técnica previstas nos arts. 421 e ss. do Código Civil. Idem em relação à usucapião, valendo ressaltar que a usucapião especial rural encontra fundamento também no art. 1.239 do Código Civil. Mencionem-se, ainda, os parágrafos do art. 1.228 do mesmo Código, que tratam da possibilidade de desapropriação pró-labore.

Com o direito empresarial capta-se também diálogo com o Direito Agrário. É o que se dá na empresa rural, regulada pela Lei nº 8.629/93, mas sujeita ao regime geral das empresas previsto nas leis civis. Idem relativamente aos títulos de crédito, sob forte influência das leis específicas.

Quanto ao direito administrativo, há relação direta na figura da desapropriação para fins de reforma agrária. Embora esta esteja sujeita à Lei Agrária 8.629/93, nem por isso fica afastada das normas referentes ao pagamento da indenização administrativa, vistoria, processo administrativo etc.

Importante diálogo do Direito Agrário tem lugar com o direito ambiental. Como será visto a seu tempo, a função socioeconômica da terra deve estender-se ao aspecto ambiental. Propriedade que não cumpre a função ambiental sujeita-se inclusive a desapropriação, como se colhe do art. 186, II, da Constituição da República. Por isso que solo, águas, fauna, flora e atmosfera, integrantes do ambiente natural, devem ser respeitados pelo titular da atividade agrária, sob pena de sanções.

Por fim, necessário ainda frisar os pontos de contato entre Direito Agrário e norma constitucional. Questões sobre desapropriação (arts. 184 e 185), usucapião agrária (art. 191) e confisco de terras (art. 243 das Disposições Gerais) encontram assento constitucional e referem-se todos ao Direito Agrário.

2. NATUREZA JURÍDICA

A natureza jurídica do Direito Agrário é tema de vivo debate na academia. No caso, a questão é de se saber se o Direito Agrário enquadra-se no Direito Público ou no Direito Privado. Algumas escolas, como a Faculdade de Direito da USP, o enquadram no segundo grupo, ou seja, Direito Privado; mas há escolas que professam o contrário, vendo o Direito Agrário como pertencente ao Direito Público.

Antes de responder, é necessário saber como se classifica o Direito. O critério que vem sendo usado desde os romanos para enquadrar os vários ramos do direito repousa na natureza do objeto protegido pela norma. Assim, se a norma tutela um interesse público, como a norma processual, a tributária, a administrativa, a ambiental e a constitucional, tem-se Direito Público. Mas, se a norma resguarda interesses particulares, como a norma dos contratos, do trabalho, do casamento e da empresa, tem-se então Direito Privado (MARQUESI: 2005, p. 2).

Ora, é certo que o Direito Agrário cuida de resguardar interesses de toda a sociedade (que podem ser difusos), como a Reforma Agrária, a Colonização, o Confisco etc, razão por que alguns o veem como pertencente ao Direito Público. Mas isso não exclui a possibilidade de o Direito Agrário tutelar também interesses dos particulares, como nos contratos e na usucapião.

Vale isso a concluir que o Direito Agrário tem natureza híbrida, enquadrado ora no Direito Público (desapropriação, reforma agrária, colonização, confisco, função socioeconômica etc|) ora no Direito Privado (contratos, usucapião, títulos de crédito, propriedade familiar etc.).

Importante notar que, na contemporaneidade, as fronteiras do Direito Privado estão cada vez mais porosas (GIORGIANNI: 1998, s.p.), de modo que, em certos casos, não se tem segurança ao fazer a classificação ou opta-se por inserir a disciplina jurídica em ambos os ramos, público e privado. É o que se dá com o Direito Agrário e o Direito Ambiental, por exemplo.

Daí a conclusão de que o Direito Agrário encerra-se em ambos os ramos do Direito.

3. PRINCIPIOLOGIA

Embora revele-se uma ciência relativamente nova, o Direito Agrário é governado por princípios. Os princípios jurídicos, que ganharam enorme importância após o Texto de 1988, são verdadeiras normas jurídicas. Não devem ser vistos, como no passado se viu em Kelsen, como simples exortações, conselhos ou sugestões (MARQUESI: 2004, s.p.).

Os princípios, conforme entendimento doutrinário e jurisprudencial, são o fundamento, a base e a razão de determinada figura jurídica. Não se confundem com as regras, pois a estas dão sustentação, de modo a hierarquizá-las. Logo, regras e princípios são espécies do gênero "norma jurídica".

A diferença é que os princípios gozam de um grau de generalidade a abstração maior, são transcendentais, universais e não podem ser revogados. A impossibilidade de alteração é talvez a principal característica dos princípios frente às regras. Quando duas destas colidem, faz-se a revogação. Quando os princípios colidem, faz-se ponderação. Ponderar significa optar, dentre os princípios, por aquele que melhor soluciona o caso concreto.

Por isso se diz serem eles "mandados de otimização" (ALEXY: 1997, p. 162).

Cada setor do Direito possui seus princípios. Em relação ao Direito Agrário, quatro são eles:

A) FUNÇÃO SOCIOECONÔMICA DA TERRA

Quer a propriedade quer a posse, que são as figuras jurídicas que permitem o acesso à terra, não podem ser vistos apenas em sua estática, ou seja, como um feixe de poderes que uma pessoa exerce sobre uma coisa. Na dicção do Código Francês de 1804, essas figuras podiam ser assim consideradas, pois não geravam deveres ou obrigações a seus titulares. Eram, com efeito, institutos jurídicos que consagravam a ideia do individualismo ou egoísmo.

É que, sendo a propriedade um direito absoluto, pode ser exercido sem limitações, donde decorre que o proprietário tem poderes ilimitados e pode exercê-los mesmo em detrimento dos interesses de outro particular. Por isso podia usar todo o imóvel, subtrair-lhe as matas, poluir os rios e, acima de tudo, podia não explorar o imóvel, ainda que grande parte da população morresse de fome.

De fato, prescrevia o Código Civil Francês de 1804 que a propriedade "é o direito mais absoluto". Tal mentalidade prevaleceu no Brasil até a Constituição de 1988, que, impondo limites ao direito do proprietário, absorveu o princípio da propriedade funcional.

Mas as coisas mudaram a partir da Constituição Mexicana de 1917 e da Alemã de 1919, especialmente esta última, que consagrou o modelo de Estado Social. Assim, enquanto a propriedade e a posse são direitos de primeira geração, quer dizer, um direito que as pessoas exercem sobre as outras, a função socioeconômica das coisas é um direito que se exerce contra o Estado, um direito prestacional.

Direito prestacional é aquele que permite ao particular exigir algo do Estado, como saúde, educação, segurança etc. Aqui, o direito é de exigir que o Estado obrigue o proprietário da terra produzir.

Na verdade, tanto na propriedade como na posse, diferencia-se a estrutura e a função. A estrutura é a forma com a qual a figura se apresenta, sua morfologia, enquanto a função é o modo pelo qual ela atua no mundo concreto (RODOTTÀ: 1990, p. 139). Por isso, a estrutura diz o que são posse e propriedade; a função diz a que servem ambas.

Dito em outros termos, quando se fala em propriedade, é de se ter presente não ser ela o próprio bem ou imóvel, mas sim o direito que é exercido sobre ele. E, quando se pensa nesse direito, é necessário saber que ele é composto de uma pessoa (proprietário, possuidor etc) e de um bem (imóvel etc). Isso é a estrutura da propriedade. Já a função diz respeito à serventia ou utilidade da coisa. Logo, na estrutura se tem o que é a propriedade, enquanto na função se tem a sua utilidade prática.

Ora, a terra, explorada mediante posse ou propriedade, não existe apenas para atender aos interesses do titular. Pela sua importância, ela deve acudir a interesses que são de todos, gerando daí determinadas obrigações. Exemplo palpitante está na produtividade. O arroz e o feijão, assim como a carne que se come todos os dias, têm sua origem na terra, pela exploração que dela fazem possuidor e proprietário. Abandonada, a terra não gera alimentos. Então, produzir é uma obrigação, pois alimentar a sociedade é obrigação de quem titula a terra.

Segue daí que o uso da terra gera obrigações correlatas aos direitos. Por essa razão posse e propriedade são vistas como relações jurídicas (LOUREIRO: 2003, p. 50), e não mais como direitos apenas.

E a própria Constituição arrola os requisitos de cumprimento da função socioeconômica da terra, fazendo-o em seu art. 186 e classificando-os em (i) critério econômico, (ii) critério ambiental, (III) critério humano-social e (IV) critério social. Isso será visto com vagar na oportunidade própria.

Ser a função socioeconômica da terra um princípio impõe ao legislador a obrigação de editar normas agrárias que não atentam contra ela. Assim, por exemplo, a8.629/93 obriga o proprietário a ocupar ao menos 80 por cento da terra útil e extrair uma rentabilidade mínima, de modo a atender à segurança alimentar. A rentabilidade mínima é definida pelo INCRA, como se verá no Capítulo oportuno.

É a jurisprudência do STF:

> O direito de propriedade não se reveste de caráter absoluto, eis que, sobre ele, pesa grave hipoteca social, a significar que, descumprida a função socioeconômica que lhe é inerente (CF, art. 5º, XXIII),

> legitimar-se-á a intervenção estatal na esfera dominial privada, observados, contudo, para esse efeito, os limites, as formas e os procedimentos fixados na própria Constituição da República. – O acesso à terra, a solução dos conflitos sociais, o aproveitamento racional e adequado do imóvel rural, a utilização apropriada dos recursos naturais disponíveis e a preservação do meio ambiente constituem elementos de realização da função socioeconômica da propriedade. A desapropriação, nesse contexto – enquanto sanção constitucional imponível ao descumprimento da função socioeconômica da propriedade – reflete importante instrumento destinado a dar consequência aos compromissos assumidos pelo Estado na Ordem Econômica e social. – Incumbe, ao proprietário da terra, o dever jurídico--social de cultivá-la e de explorá-la adequadamente, sob pena de incidir nas disposições constitucionais e legais que sancionam os senhores de imóveis ociosos, não cultivados e/ou improdutivos, pois só se tem por atendida a função socioeconômica que condiciona o exercício do direito de propriedade, quando o titular do domínio cumprir a obrigação (1) de favorecer o bem-estar dos que na terra labutam; (2) de manter níveis satisfatórios de produtividade; (3) de assegurar a conservação dos recursos naturais; e (4) de observar as disposições legais que regulam as justas relações de trabalho entre os que possuem o domínio e aqueles que cultivam a propriedade (STF, Tribunal Pleno, ADI 2213/DF, Rel. Min. Celso de Mello, j. 04.abr.2002).

Trata-se, sem dúvida, do mais importante princípio dentre os princípios do Direito Agrário. E é um princípio de superdireito, pois também orienta o Direito Civil e o Direito Ambiental.

B) REDUÇÃO DO NÚMERO DE LATIFÚNDIOS E MINIFÚNDIOS

Ambas as figuras, que serão melhor examinadas adiante, são nocivas à estrutura fundiária brasileira. A primeira delas, os latifúndios, traz dois problemas: (i) concentração de terras e (ii) baixa produtividade. A segunda, os minifúndios, ou parvifúndios, são propriedades pobres, que não propiciam o sustento básico a uma família. Por isso são ambos combatidos pelo Direito Agrário.

O Brasil é o segundo país com maior número de latifúndios no mundo, perdendo apenas para o Paraguai. Considera-se latifúndio toda área superior a 600 módulos fiscais (Lei nº 4.504/64, art. 4º., V). No Norte do Paraná, por exemplo, onde o módulo é de 12 hectares, são latifúndios as áreas com extensão superior a 7.200 hectares, ou cerca de 3.000

alqueires. Sem dúvida uma propriedade de proporções gigantescas. Se comparadas com o perfil fundiário japonês, assustam.

O minifúndio, de seu turno, é conceituado como toda área menor que o módulo fiscal (Lei nº 4.504/64, art. 4º., IV). Logo, na região acima referida, tem-se como minifúndio as superfícies menores que 12 hectares, ou cerca de 5 alqueires. Tais áreas não são suficientes para prover alimentos a uma família de médio porte. Por essa razão são chamados "parvifúndios", ou propriedades pobres. Não bastam para atender ao mínimo existencial.

Sendo ambos nocivos, devem ser gradualmente reduzidos com o tempo, consoante preconizado no art. 20, I, da Lei nº 4.504/64.

Ora, se o Direito Agrário hostiliza latifúndios e minifúndios, seu alvo é o de fomentar as empresas rurais, tidas como áreas maiores que o módulo fiscal, menores que o latifúndio, produtivas e cumpridoras de sua função socioeconômica. A empresa rural é o objetivo para o qual converge a Reforma Agrária, porque, além de não concentrar terra e garantir o sustento de uma família, é útil à coletividade.

C) INTERPRETAÇÃO FAVORÁVEL AO HIPOSSUFICIENTE

Este princípio é especialmente aplicado aos contratos agrários, no que toca a sua exegese. Como se sabe, os contratos agrários, dos quais os mais importantes são o arrendamento e a parceria, põem de frente dois personagens, isto é, o proprietário e o possuidor da terra. O contrato que celebram nem sempre é paritário, sendo certo que o proprietário, melhor provido de recursos técnicos, jurídicos e financeiros, está numa posição privilegiada em relação ao possuidor da terra. E, como titular do poder econômico, pode impor sua vontade ao contratante não proprietário.

Diante da possibilidade de que um dos contratantes se sobressaia, determinando o conteúdo do contrato, o Estado interveio nos negócios agrários, não apenas estabelecendo cláusulas obrigatórias, como também mandando que, na dúvida, as cláusulas contratuais sejam interpretadas em favor do hipossuficiente. Dentre as cláusulas obrigatórias podem ser mencionadas a dos prazos mínimos de vigência e o percentual máximo do arrendamento. Ambas foram concebidas para evitar que o contratante vulnerável tenha sua dignidade violada.

Às vezes o proprietário é que é hipossuficiente. Isso se vê no arrendamento para plantio de cana, feito por usinas alcooleiras. A usina arrenda terras para o plantio e, nesse caso, o proprietário é que é hipossuficiente. Isso porque, ao chegar à empresa para a contratação, o instrumento já está pronto. Ou o proprietário o assina, aceitando em bloco todas as condições, ou simplesmente não contrata.

Sobre isso se voltará a falar no Capítulo dos contratos.

Alguns autores, como Oswaldo Opitz e Sílvia Opitz (1970, p. 57), sustentam existir outros princípios do Direito Agrário. Esses autores fazem referência ao princípio do aumento da produtividade, por exemplo. Todavia, trata-se de um princípio que decorre da ideia da função socioeconômica da terra

4. FIGURAS BÁSICAS DO DIREITO AGRÁRIO

Destina-se esse tópico ao exame das principais figuras do Direito Agrário, cuja apreensão é necessária para o perfeito entendimento da matéria de que aqui se trata.

O Estatuto da Terra e a Lei nº 8.629/93 fazem referência às "propriedades agrárias". Todavia, uma interpretação sistemática dessas leis leva à conclusão de que se trata de "imóveis agrários".

4.1. PROPRIEDADE RURAL

Conhecer a definição da propriedade rural é uma das primeiras ações que se exigem do agrarista. Afinal, que se entende por propriedade rural e como ela se diferencia da urbana? Por que razão uma chácara de lazer localizada a 70 quilômetros da cidade é considerada urbana?

Dois critérios foram concebidos para diferenciar essas propriedades.

A) CRITÉRIO DA DESTINAÇÃO

Primeiro elegeu-se o critério da destinação, que leva em conta a finalidade para a qual se mantém o imóvel. Logo, independentemente de sua localização, rurais ou agrários são os imóveis que se dedicam a atividades agropecuárias. Mesmo na zona urbana, se um lote se presta ao plantio de soja, por exemplo, é tido como fundo agrário.

B) CRITÉRIO DA LOCALIZAÇÃO

Posteriormente surgiu o critério da localização, qualificando os imóveis não pela sua função, mas pela sua localização. Com isso, tem-se que rurais são os imóveis que, independentemente de sua aplicação, estão fora da zona urbana ou da zona de expansão urbana. Uma escola instalada numa fazenda é, então, imóvel rural e uma plantação localizada na cidade, propriedade urbana.

Há séria divergência tanto na doutrina quanto nos tribunais acerca de qual dos critérios deve prevalecer. Mas, à luz do art. 30, VIII, da CF, que conferiu aos municípios o poder de disciplinar o zoneamento urbano, em atenção ao princípio do peculiar interesse, é de concluir que entre nós vige o segundo critério, ou seja, o da localização.

A tal solução chegou o saudoso professor Nely Lopes Casali (1992, p. 31), em sua tese de doutoramento na PUC-SP.

Não é assim, contudo, que vem decidindo o STJ. Veja-se: "Não incide IPTU, mas ITR, sobre imóvel localizado na área urbana do Município, desde que comprovadamente utilizado em exploração extrativa, vegetal, agrícola, pecuária ou agroindustrial" (STJ, 1ª. Turma, REsp. 1.112.646, Rel. Min. Herman Benjamin, j. 26.ago.2009).

Não parece ser o melhor entendimento, mas é o que tem prevalecido. Daqui mesmo deste escritório, que fica no 12º. andar do edifício, vislumbram-se inúmeros campos de soja incrustados na cidade. Como considerar rural um imóvel localizado na zona mais valorizada de Londrina, cercada de prédios, que é a Gleba Palhano?

4.2. MÓDULO FISCAL E PROPRIEDADE FAMILIAR

O módulo fiscal é o principal conceito do Direito Agrário, a figura a partir da qual são definidas as várias figuras desse ramo do Direito. É um conceito de natureza objetiva, consubstanciado numa determinada extensão de terra. Pode ser conceituado como a área de terra mínima para que uma família de médio porte, que nela trabalha, consiga extrair o mínimo para uma vida com dignidade, quer dizer, o mínimo existencial de Luiz Edson Fachin (2006, *passim*).

O módulo fiscal, antigamente chamado módulo rural, é a expressão física da propriedade familiar, na dicção do art. 4º, III, da Lei nº 4.504/64. Considera-se propriedade familiar, conforme o inciso II desse dispositivo, "o imóvel rural que, direta e pessoalmente explorado pelo agricultor e sua família, lhes absorva toda a força de trabalho, garantindo-lhes a subsistência e o progresso social e econômico, com área máxima fixada para cada região e tipo de exploração, e eventualmente trabalho com a ajuda de terceiros".

Diante disso, fácil é concluir que, enquanto o módulo fiscal é um conceito geográfico, a propriedade familiar é uma definição econômica.

A área sobre a qual assenta a segunda é o módulo fiscal. Neste é levada em conta a dimensão física; naquela, a dimensão socioeconômica. Em 2022, por meio da Instrução Normativa no. 5, o INCRA fixou as regras e parâmetros para a fixação dos módulos fiscais no Brasil.

Ocorre que, por definição legal, o módulo varia de acordo com as várias regiões do País. Como ele é uma área da qual se extraem condições de subsistência, e considerando que existem diferentes possibilidades de exploração econômica, que levam em conta a (i) fertilidade do solo, (ii) regimes climáticos, (iii) centros de consumo, (iv) vias de escoamento etc., resulta que, quanto menos favoráveis forem as condições, maior deverá ser a área mínima, ou seja, o módulo fiscal.

É por tais razões que o INCRA dividiu o País em várias microrregiões homogêneas, atribuindo a cada uma delas diferentes módulos. Regiões mais desenvolvidas, como nas capitais, têm módulo de cerca de 2 hectares. Regiões menos desenvolvidas, como as da Amazônia, têm módulo próximo de 100 hectares. Isso se explica porque a região amazônica, além de pouco fértil, tem escassas vias de escoamento e centros de consumo, além de as propriedades, por força de lei, terem seu uso limitado a 20 por cento da área útil. Tudo isso exige que uma maior extensão de solo seja utilizada para se conseguir um rendimento tido como aceitável.

A propriedade familiar recebe tratamento privilegiado na lei. Não pode ser desapropriada para fins de reforma agrária (CF, art. 185, I) e encontra-se imune e penhora por dívidas oriundas de sua exploração (CF, art. 5º., XXVI). Este dispositivo mencionar "pequena propriedade", mas, na verdade, quer dizer propriedade familiar.

Deve ser assinalado que o tratamento diferenciado à propriedade familiar justifica-se pelo princípio do *favor debitoris* e pela proteção ao mínimo existencial. O *favor debitoris* é a cláusula que confere condições privilegiadas a determinados devedores, mesmo que isso venha em prejuízo ao credor. Impenhorabilidade do bem de família é um exemplo. A dívida existe, mas o credor não pode penhorar a residência do devedor para leiloá-la e obter o pagamento.

É interessante notar que a atual jurisprudência das Cortes superiores vem aplicando exegese axiológica e ampliativa ao segundo dos dispositivos acima citados, na medida em que não exige nem a moradia da família no imóvel nem a questiona a origem da dívida. É conferir:

> Tomando-se por base o fundamento que orienta a impenhorabilidade da pequena propriedade rural (assegurar o acesso aos meios

> geradores de renda mínima à subsistência do agricultor e de sua família), não se afigura exigível, segundo o regramento pertinente, que o débito exequendo seja oriundo do atividade produtiva, tampouco que o imóvel sirva de moradia ao executado e de sua família. Considerada a relevância da pequena propriedade rural trabalhada pela entidade familiar, a propiciar a sua subsistência, bem como promover o almejado atendimento à função socioeconômica, afigurou-se indispensável conferir-lhe ampla proteção. O art. 649, VIII, do CPC/1973 (com redação similar, o art. 833 do CPC/2015), ao simplesmente reconhecer impenhorabilidade da pequena propriedade rural, sem especificar a natureza da dívida, acabou por explicitar a exata extensão do comando constitucional em comento, interpretado segundo o princípio hermenêutico da máxima efetividade. Se o dispositivo constitucional não admite que se efetive a penhora da pequena propriedade rural para assegurar o pagamento de dívida oriunda da atividade agrícola, ainda que dada em garantia hipotecária (STJ, REsp 1.368.404/SP, Relatora Ministra Maria Isabel Gallotti, Quarta Turma, julgado em 13/10/2015, DJe 23/11/2015), com mais razão há que reconhecer a impossibilidade de débitos de outra natureza viabilizar a constrição judicial de bem do qual é extraída a subsistência do agricultor e de sua família (STJ, 3ª. Turma, REsp. 2015/0312227-1, Rel. Min. Marco Aurélio Bellizze, j. 14.nov.2017).

O raciocínio parece *contra legem*, mas não há dúvida de que vai ao encontro ao princípio de proteção ao hipossuficiente que preside as leis agrárias.

4.3. MINIFÚNDIO

Considerado a "praga" da estrutura fundiária brasileira (BORGES: 1994, p. 22), o minifúndio pode ser conceituado como a superfície física inferior ao módulo fiscal. Na raiz etimológica encontra-se seu significado: *mini* (pequeno); *fundio* (imóvel). O minifúndio, como já foi dito, é hostilizado pelos agraristas, porque não produz o bastante para a condição digna da família.

É uma propriedade ineficiente, e, por isso, deve ser combatido.

Apesar de existir em grande número no Brasil, sua extinção é estimulada, sendo, como se viu, um dos princípios do Direito Agrário. Ainda assim, na presença de um minifúndio, "o Poder Público tomará as medidas necessárias à organização de unidades econômicas adequadas, desapropriando, aglutinando e redistribuindo as áreas" (Lei nº 4.504/64, art. 21).

Veja-se, a respeito do minifúndio, o capítulo que estuda a reforma agrária.

4.4. PEQUENA PROPRIEDADE

A pequena propriedade não pode ser confundida com o módulo rural e nem sempre constitui propriedade familiar, apesar de o Texto Constitucional as tratar como sinônimas. A pequena propriedade é um conceito objetivo, que se obtém por cálculo aritmético. Pequena propriedade é a área rural maior que o módulo e não excedente a 4 módulos fiscais (Lei nº 8.629/93, art. 4º., II, *a*). Portanto, numa região como a de Londrina, são pequenas propriedades as áreas que não excedem a cerca de 12 hectares, ou 5 alqueires de padrão paulista.

A pequena propriedade desempenha forte papel nos Estados da Região Sul, colonizados por europeus nos Séc. XIX-XX e que se assentaram em imóvel de pequenas dimensões, ocupados pela própria família. Esse tipo de propriedade é extremamente útil na dimensão social, porque oferece condições de vida digna, moradia e proteção integral. Além disso, é geralmente produtivo e tem a virtude de não propiciar a concentração de terras.

Assim como o módulo rural, a pequena propriedade é insuscetível de desapropriação para fins de reforma agrária e imune a penhora por dívidas, observados os dispositivos constitucionais e as balizas transcritas no acórdão acima.

4.5. MÉDIA PROPRIEDADE

Também aqui se tem um critério objetivo. Média propriedade é todo imóvel rural com extensão maior que 4 módulos e não superior a 15 módulos fiscais (Lei nº 8.629/93, art. 4º., III, *a*). Abaixo de 4 módulos tem-se pequena propriedade; acima de 15, grande propriedade.

A média propriedade é também insuscetível de desapropriação para fins de reforma agrária (CF, art. 185, I), mas não está imune a penhora por dívidas. Explica-se: a média propriedade já propicia um razoável ganho econômico ao seu titular, que, por isso, tem maiores recursos que o pequeno proprietário, podendo residir na cidade e tomar empréstimos. Por isso, ainda que resida no imóvel, não poderá livrá-lo da execução por dívidas.

O fato de ser insuscetível a desapropriação, assim como a pequena propriedade, explica-se porque ambas são superficies físicas incapazes de abrigar um considerável contingente de assentados. Como a desapropriação é um processo dispendioso, opta-se por desapropriar somente grandes superfícies, para o fim de dar terra a um número considerável de famílias.

4.6. GRANDE PROPRIEDADE

A grande propriedade é todo imóvel com extensão física superior a 15 módulos fiscais. É o que comumente se chama "fazenda". Serem grandes não significa que não possam cumprir uma função socioeconômica e, na verdade, quase sempre a cumprem. Cuida-se de unidade agrária pertencente a pessoas de alta renda, geralmente moradoras na cidade e que têm outra ocupação além de agropecuária. Tais propriedades, por si sós, não concentram terras, exceto se atingirem as dimensões de um latifúndio.

A grande propriedade não goza dos mesmos privilégios de suas irmãs menores, imunes a desapropriação e penhora. Dotada de grande dimensão, comporta assentamentos rurais e pertence a pessoas de maior poder econômico, capazes de pagar suas dívidas, não se justificando daí o benefício da imunização.

4.7. LATIFÚNDIO

Todo latifúndio é uma grande propriedade, mas o inverso não é verdadeiro. De acordo com a Lei nº 4.504/64, existem duas modalidades de latifúndio: (i) aquele por extensão e (ii) aquele por exploração. O primeiro são todas as áreas com mais de 600 módulos fiscais (art. 4º., V, *a)*. O segundo são todas as áreas maiores que o módulo rural, menores que 600 módulos fiscais e que não estejam cumprindo sua função socioeconômica, isto é, que sejam improdutivos.

Sem embargo, a segunda modalidade caiu no esquecimento e hoje só se fala do latifúndio por extensão, presente em grande parte do País, especialmente nas regiões menos desenvolvidas e habitadas.

Os latifúndios, conforme já foi acenado, é hostilizado pelo Direito em razão de seu poder concentrador, a impedir a democratização do acesso à terra. Não se trata necessariamente de propriedade improdutiva, mas geralmente o é. Na verdade, os latifúndios expõem dois problemas: concentração e baixa produtividade.

Por essa razão constitui prioridade na desapropriação para reforma agrária.

4.8. EMPRESA RURAL

A empresa rural é, por definição legal, "o empreendimento de pessoa física ou jurídica, pública ou privada, que explore econômica e racionalmente imóvel rural, dentro de condição de rendimento econômico da região em que se situe e que explore área mínima agricultável do imóvel segundo padrões fixados, pública e previamente, pelo Poder Executivo..." (Lei nº 4.504/64, art. 4º., VI).

Como se vê, é também um conceito econômico, mas que não deixa de fora aspectos sociais, como o ambiente e as relações de trabalho. Isso se contém no advérbio "racionalmente". Desta forma, a empresa rural tem certos requisitos para ser assim considerada. Primeiro: deve ser produtiva; segundo, deve cumprir uma função socioeconômica, incluindo o respeito ao ambiente e às relações de trabalho.

A empresa é uma atividade organizada, profissional e economicamente, para a produção e circulação de riquezas, no caso as riquezas produzidas pela terra. Mas não se pode confundir a figura do empresário com a da empresa, nem ainda com a do estabelecimento agrário. O primeiro é o titular, a segunda é a atividade, a terceira é a base física onde se exerce a atividade.

Nessa toada, clássica se tornou a lição do agrarismo italiano, conceituando a empresa rural como "a atividade produtiva agrícola consistente no desenvolvimento de um ciclo biológico, vegetal ou animal, ligado direta ou indiretamente ao desfrute das forças e dos recursos naturais e que se resolve economicamente na obtenção de frutos, vegetais ou animais, destinados ao consumo direto como tais, ou submetidos a uma ou múltiplas transformações" (CARROZZA, *apud* PINHEIRO: 2016, s.p.).

À exceção do minifúndio, todos os imóveis estão aptos a se tornar empresas, desde que observem aqueles requisitos. Apesar disso, vem se consolidando nos tribunais a ideia de que a produção é que de fato caracteriza a empresa. Assim, se, por exemplo, uma propriedade não respeita o ambiente, nem por isso ela será desapropriada. Receberá algumas sanções, mas não a desapropriação.

4.9. TERRAS DEVOLUTAS

Historicamente, devolutas são as terras que, tendo sido cedidas por meio de sesmarias a particulares, foram devolvidas ao Estado em virtude do não cumprimento da obrigação de cultivo e exploração pelo donatário. Essas terras foram doadas pela Coroa portuguesa mediante encargo. Não tendo sido este cumprido, gerou a imposição de pena, no caso o perdimento da terra e seu retorno ao poder concedente. É o que dispunha a vetusta Lei nº 601/1850, conhecida como Lei de Terras.

Hoje esse conceito se transformou. São tidas como devolutas as terras que, não se achando matriculadas em nome de particulares, também não se encontram afetadas a algum uso público. Se a terra está matriculada em nome do particular, (i) tem-se propriedade privada; (ii) se está matriculada em nome do Estado, tem-se bem dominical; (iii) se não está matriculada, mas encontra-se a serviço do Estado, tem-se bem de uso especial; (iv) se não está matriculada e não se encontra a serviço do Estado, aí se tem terra devoluta.

As terras devolutas, quando encontradas, estando ou não na posse do particular, é considerada bem de propriedade do Estado federado, exceto se se encontrar em faixa de fronteira, caso em que pertencerá à União, desde que indispensáveis à defesa do Território Nacional à proteção do ambiente (CF, arts. 20, II e 26, IV).

Duas observações são necessárias em relação a essa espécie de bem: primeiro, não pode ele ser objeto de usucapião. Entendem alguns que as terras devolutas ainda podem ser usucapidas, por força do disposto no art. 5º do DL 9.760/1943. Todavia, a opinião não se sustenta, seja pela clareza daqueles dispositivos da Constituição e do Código Civil, seja também pela Súmula 340 do STF, que, conquanto antiga, é ainda válida[1]. É verdade que a Lei nº 6.969/1981, em seu art. 5º, permitiu a usucapião de terras devolutas, mas é certo que ela não foi recepcionada nem pela atual codificação civil nem pela Constituição, como se pode ver daqueles três dispositivos legais.

Todavia, anote-se que, para a terra considerar-se devoluta, não basta a simples afirmação do Estado de não se achar ela matriculada em nome de particulares. Ao Poder Público cabe o ônus de provar a natu-

1 "Desde a vigência do Código Civil, os bens dominicais, como os demais bens públicos, não podem ser adquiridos por usucapião". O verbete se refere ao Código de 1916;

reza devoluta da terra e, com isso, eximi-la à aquisição originária. Essa intelecção é predominante no STJ:

> A inexistência de registro imobiliário do bem objeto de ação de usucapião não induz presunção de que o imóvel seja público (terras devolutas), cabendo ao Estado provar a titularidade do terreno como óbice ao reconhecimento da prescrição aquisitiva" (STJ, 4ª. Turma, REsp. 964223/RN, Rel. Luis Salomão, j. 18.out.2011).

Isso não significa que a aquisição originária dessas terras venha sendo reconhecida pela Corte. A questão é que a qualificação da terra como devoluta depende de prova a ser produzida pelo Estado. Se ele não a ministra, é porque a terra não tem essa natureza. A qualificação como devoluta não impede, porém, que a terra encontre-se ocupada a título de posse.

Além disso, uma vez reconhecida a natureza devoluta da terra em ação discriminatória, eventuais possuidores, seja em boa ou má-fé não serão indenizados pelas benfeitorias que houverem introduzidos na terra.

> O Superior Tribunal de Justiça tem entendimento de que a ocupação de bem público não gera direitos possessórios, e sim mera detenção de natureza precária e afasta o pagamento de indenização pelas benfeitorias, bem como o reconhecimento do direito de retenção, nos termos do art. 1.219 do CC. A jurisprudência, tanto do Superior Tribunal de Justiça quanto do Supremo Tribunal Federal, é firme em não ser possível a posse de bem público, constituindo sua ocupação mera detenção de natureza precária. Nesse sentido, confiram-se os seguintes julgados: REsp 1.701.620/RS, Rel. Ministro Herman Benjamin, Segunda Turma, DJe 19/12/2017; AgRg no AREsp 824.129/PE, Rel. Ministro Mauro Campbell Marques, Segunda Turma, DJe 1/3/2016, e REsp 932.971/SP, Rel. Ministro Luis Felipe Salomão, Quarta Turma, DJe 26/5/2011 (STJ, 2ª. Turma, AgREsp. 2020/0166486-6, Rel. Min. Herman Benjamin, j. 9.fev.2021).

Outra observação sobre as terras devolutas está na reforma agrária. Tais áreas são tidas como prioritárias para esse fim (Lei nº 4.504/64, art. 9º., III). Isso se dá porque são terras que, não exigindo desapropriação, geram pequenas despesas ao Estado.

RESUMO

ESPÉCIE DE IMÓVEL RURAL	DESAPROPRIAÇÃO PARA REFORMA AGRÁRIA	PRIORIDADE NA DESAPROPRIAÇÃO	POSSIBILIDADE DE PENHORA
PROPRIEDADE FAMILIAR	NÃO	NÃO	NÃO
MINIFÚNDIO	NÃO	SIM	NÃO
PEQUENA PROPRIEDADE	NÃO	NÃO	NÃO
MÉDIA PROPRIEDADE	NÃO	NÃO	SIM
GRANDE PROPRIEDADE	SIM	NÃO	SIM
LATIFÚNDIO	SIM	SIM	SIM
EMPRESA RURAL	NÃO	NÃO	SIM
TERRAS DEVOLUTAS	NÃO	SIM	NÃO

5. PROPRIEDADE AGRÁRIA

Este item versa sobre o direito real de propriedade (CC, art. 1.228 e ss.), sua natureza jurídica, elementos, evolução histórica e caracteres.

5.1. CONCEITO

Ponto crucial na teoria geral do Direito Agrário repousa na diferenciação dos conceitos de propriedade e posse, muitas vezes confundidos pela generalidade das pessoas, que tomam um pelo outro e dizem posse quando o caso é propriedade, e propriedade quando o caso é posse.

A propriedade é um dos mecanismos jurídicos de sujeição dos bens às pessoas. De acordo com Serpa Lopes (1991, p 282), "o vocábulo vem do latim *proprietas,* derivando de *proprius,* significando o que pertence a uma pessoa". Adiante, complementa que "a palavra *propriedade* possui um amplo sentido, pois serve a indicar toda a relação jurídica de apropriação de um bem qualquer, corpóreo ou incorpóreo".

Afirma-se, a partir daí, que a propriedade é o mais extenso dos poderes a que estão sujeitos os bens, donde ser o mais amplo dos direitos reais. É o único dentre os direitos subjetivos a possibilitar a máxima extração das utilidades que uma coisa pode trazer, particularidade nem sempre presente na posse. Esta não gera, por si só, tantos poderes quanto a propriedade. Se a posse permite o contato físico com a coisa, a propriedade vai além, ensejando possibilidades socioeconômicas bem mais extensas.

Se o arrendatário tem a posse da terra que cultiva, exerce poderes sobre a terra, mas tais poderes não são amplos o bastante para permitir a ele vender a terra, destruí-la ou gravá-la de hipoteca. Os direitos reais sobre coisa alheia, de seu turno, geram poderes, mas são limitados em extensão. O usufrutuário CC, art. 1.390), por exemplo, tem faculdades de uso, fruição, posse e administração, mas não pode vender o bem.

Nessa linha, o parceiro agricultor tem poderes de uso, fruição e sequela, mas a faculdade de dispor lhe é cerceada, pois não pode destruir o bem. O credor hipotecário pode perseguir a coisa, mas, afora a faculdade de levá-la a leilão no caso de não receber a dívida, não dispõe de outras prerrogativas.

Percebe-se que a propriedade se caracteriza pela extensão dos poderes que possibilita ao titular, os quais repousam basicamente nas faculdades de uso, gozo, disposição e reivindicação, consoante o *caput* do art. 1.228 do Código Civil. Somente o proprietário pode enfeixá-los simultânea e indefinidamente. Não assim o possuidor e os demais titulares de direitos reais, que, embora tenham poderes, não os têm em sua plenitude.

Além disso, se comparada à posse, a propriedade exige a presença de um título, quer dizer, uma causa juridicamente apta a constituí-la. Assim, ninguém se torna proprietário de bem imóvel, mediante contrato, sem o registro (CC, art. 1.245), nem adquire a propriedade de coisa móvel antes da tradição CC, (art. 1.267). Por isso se diz que a propriedade, exigindo um título, é sempre um direito, ao contrário da posse, que é sempre um fato, embora possa ser também um direito. Já se sabe que o sem-terra não deixa de ser possuidor por lhe faltar título.

Na ausência de título legalmente previsto, não se tem propriedade, mas outro direito ou poder. Se alguém exerce posse *ad usucapionem* por longos anos, só se tornará proprietário após a sentença declaratória, que servirá como causa para o registro (Lei nº 6.015/73, art. 167).

Além de direito pleno e titulado, a propriedade é também direito exclusivo, noção esta conexa à da amplitude, porquanto não pode haver poderes amplos se uma coisa pertence a mais de um sujeito. Por isso, o instituto em questão é exemplo de direito exclusivo, o que significa que para cada coisa não pode haver mais de um sujeito proprietário, conclusão que não é infirmada mesmo diante do condomínio.

Plenitude e exclusividade de poderes e existência de título aquisitivo são, portanto, os fatores diferenciadores da propriedade frente às demais formas de sujeição de coisas.

Necessário também anotar que a propriedade não se confunde com a coisa. Esta é objeto daquela. Conquanto tal afirmativa seja óbvia, no linguajar vulgar a coisa tem sido tomada como direito. É grave deslize dizer e grande erro de técnica afirmar que alguém reside numa propriedade, ou que comprou uma propriedade, ou que herdou tal ou qual propriedade. Mora-se, compra-se, herdam-se imóveis (coisas). O plexo de direitos que se tem sobre eles é que é a propriedade. Acertado é dizer, portanto, que alguém reside num imóvel, sobre o qual tem propriedade.

Doutra parte, e ao contrário do que frequentemente se recolhe dos textos legais, doutrinários e jurisprudenciais, mostra-se pleonástico o emprego da expressão "direito de propriedade", cediço ser esta sempre e necessariamente um direito. Ninguém diz "direito de posse" ou "direito de servidão", porque ambos são um direito. Igual tratamento deve ser dispensado à propriedade. Diga-se "propriedade" apenas, e nunca "direito de propriedade".

A propriedade, em sua essência, é um feixe de poderes. Assim foi ela conceituada no Código Napoleão de 1804, o primeiro diploma civil da contemporaneidade e no Código Civil Brasileiro de 1916, o primeiro do Séc. XX. Contudo, sabe-se que ela gera alguns deveres para o titular.

Na verdade, a propriedade, como será visto logo mais, está vinculada ao cumprimento de determinadas funções, que o legislador, a doutrina e a jurisprudência forjaram com a locução "função socioeconômica". O ordenamento jurídico positiva as várias funções que o instituto pode desempenhar, como a função econômica, a ambiental, a cultural, a histórica e a paisagística, dentre outras possíveis.

Segue daí que a propriedade não se resume apenas a um poder. Adstrita a certas funções, deve ser conceituada como direito/dever, noção que se capta com facilidade da leitura dos arts. 5º., XXIII e /170 e ss. da Constituição da República, ao lado dos parágrafos do art. 1.228 do Código Civil e de várias outras espécies normativas, como a Lei nº 4.504/64 (Estatuto da Terra), a Lei nº 8.629/93 (Lei Agrária) e a Lei nº 10.257/01 (Estatuto da Cidade).

Vem a doutrina, já de algum tempo, reconhecendo na propriedade um poder limitado. De acordo com Pinto Ferreira (1977, p. 149), "a propriedade é o direito, excludente de outrem, que, dentro dos limites do interesse público e social, submete juridicamente a coisa corpórea, em todas as suas relações (substância, acidentes e acessórios) ao poder da vontade do sujeito, mesmo quando injustamente esteja sob a detenção física de outrem".[2]

Na doutrina estrangeira observam-se ideias semelhantes. Na lição de Vitório Scialoja (1933, p. 134), a propriedade é "uma relação de direito privado, pela qual uma coisa, como pertença de uma pessoa, é completamente sujeita à sua vontade em tudo que não seja vedado pelo direito público ou pela concorrência de direito alheio"

Tidas em conta as ideais até aqui expostas e com espeque no caput do art. 1.228 do Código Civil, possível é conceituar a propriedade como a sujeição plena e juridicamente titulada de um bem a uma pessoa, que dele pode usar, gozar e dispor com exclusividade, além de reavê-lo, obrigando-se a dar-lhe a função prevista na lei.

A atual codificação civil, naquele dispositivo, conceitua-a como a faculdade de "usar, gozar e dispor da coisa, e o direito de reavê-la de quem quer que injustamente a possua ou detenha". Embora o conceito catalogue apenas os poderes do proprietário, em várias passagens do Código encontram-se referências a sua face de dever, a principiar pelo parágrafo primeiro do próprio art. 1.228, que faz referência a algumas possíveis funções[3].

O conteúdo do caput do art. 1.228 não difere substancialmente do conceito de propriedade previsto no Código Francês de 1804[4] e nas codificações civis em geral. Em sentido semelhante estão os vi-

2 PINTO FERREIRA, Luiz. Enciclopédia Saraiva do Direito. São Paulo: Saraiva, 1977, V. 62, p. 149, verbete "propriedade". Rubens Limongi França (coord.).

3 " 1º.. O direito de propriedade deve ser exercido em consonância com as suas finalidades econômicas e sociais e de modo que sejam preservados, de conformidade com o estabelecido em lei especial, a flora, a fauna, as belezas naturais, o equilíbrio ecológico e o patrimônio histórico e artístico, bem como evitada a poluição do ar e das águas".

4 *La propriété est le droit de jouir et disposer des choses de la manière la plus absolue, pourvu qu'on n'en fasse pas un usage prohibé per les lois ou pars les réglemens ("a propriedade é o direito de usar e dispor das coisas da maneira a mais absoluta, desde delas não se faça uso proibido pelas leis ou pelos regulamentos");*

gentes Códigos Chileno (1857)[5], Argentino (2015)[6], Espanhol (1889)[7], Alemão (1896)[8], Chinês (1929)[9], Italiano (1942)[10] e Português (1966)[11], dentre outros.

Note-se que as várias codificações, nitidamente influenciadas pelo Código de 1804, encaram o instituto como direito pleno, enfatizando os poderes que dele são gerados.

A propriedade constitui um dos pilares do direito privado. Ao lado da família e dos contratos, forma a base das codificações civis desde o Séc. XIX. No Brasil, como em inúmeros outros sistemas, ganhou dignidade constitucional, considerada direito fundamental (art. 5º., XXII) e princípio da Ordem Econômica e financeira (art. 170, II).

Em torno do instituto organizaram-se as economias mundiais no Séc. XX. As ideologias políticas seguidas pelos vários Estados ao longo do

---

5 *Art. 582. El dominio (que se llama también propiedad) es el derecho real en una cosa corporal, para gozar y disponer de ella arbitrariamente; no siendo contra la ley o contra derecho ajeno. La propiedad separada del goce de la cosa, se llama mera o nuda propiedad.*

6 *ARTICULO 194- Dominio perfecto. El dominio perfecto es el derecho real que otorga todas las facultades de usar, gozar y disponer material y jurídicamente de una cosa, dentro de los límites previstos por la ley. El dominio se presume perfecto hasta que se pruebe lo contrario.*

7 *Art. 348. La propriedad es el derecho de gozar e disponer de una cosa, sin mas limitaciones que lãs estabelecidas en las leyes. El proprietario tiene acción contra el tenedor y el poseedor de la cosa para reivindicarla;*

8 903. "O proprietário de uma coisa pode, sempre que a lei ou o direito de um terceiro não se opuser, comportar-se a respeito dela como entender e excluir outros de qualquer intromissão" (tradução de Leandro Paulsen, in A Normatividade Jurídico-Positiva da Função socioeconômica da Propriedade. Revista da AJUFERGS. V. 2, p. 6. Porto Alegre, 2006.

9 "Art. 765. O proprietário de uma coisa tem o direito de, dentro dos limites da lei ou regulamentos, usá-la, retirar seus benefícios e dela dispor livremente, e excluir outros da interferência sobre ela" (*The Civil Code of Republic of China. Translated into English. Shangai: Kelly & Walsh Limited, 1930, s.p., livre tradução*).

10 *Art. 832. Il proprietario ha diritto di godere e disporre delle cose in modo pieno ed esclusivo, entro i limiti e con l'osservanza degli obblighi stabiliti dall'ordinamento giuridico. Em livre tradução: "O proprietário tem direito de gozar e dispor da coisa em modo pleno e exclusivo, nos limites e com a observância das obrigações estabelecidas pelo ordenamento jurídico".*

11 "Art. 1.305. O proprietário goza de modo pleno e exclusivo dos direitos de uso, fruição e disposição das coisas que lhe pertencem, dentro dos limites da lei e com observância das restrições por ela impostas".

último século tiveram na propriedade seu critério diferenciador, separando-se em regimes liberais (propriedade privada) e regimes de matiz socialista (propriedade coletiva). A "guerra fria", que dividiu o planeta em dois grandes blocos geopolíticos, pouca coisa significou além da forma de exploração dos bens de produção.

Não é exagero dizer que a propriedade expressa um modo de pensar, uma forma de definir qual o melhor mecanismo de apropriação de coisas[12]. Por isso ela sofre constantes transformações ao sabor das variáveis políticas, econômicas, ideológicas e sociais da nação. De fato, mais do que um instituto jurídico, ela tem raiz social e econômica. Logo, não pode ser lida somente à luz do direito.

5.2. CARACTERES

Para a doutrina tradicional, cinco são os caracteres da propriedade: a) plenitude; b) exclusividade; c) relatividade; d) elasticidade e e) perpetuidade. Cumpre desde logo advertir que tais atributos nem sempre estarão simultaneamente presentes no caso concreto. Assim é, por exemplo, no domínio resolúvel, que, embora contrarie a ideia da plenitude inerente ao instituto, ainda assim não o desqualifica.

5.2.1. PLENITUDE

A propriedade é o mecanismo jurídico que possibilita o máximo aproveitamento socioeconômico dos bens, compreendendo um amplo espectro de atuação, do simples uso até a disposição, desde que observados os regramentos legais e administrativos. A respeito, dizia o art. 525 do Código de 1916 que "é plena a propriedade, quando todos os seus direitos elementares se acham reunidos no do proprietário; limitada, quando tem ônus real, ou é resolúvel".

Os demais direitos reais, como as servidões (art. 1.378) e a enfiteuse (art. 2.038), são considerados limitados, porque neles o titular não dispõe de todos os poderes compreendidos na propriedade. A plenitude é sempre presumida em se tratando de propriedade e, no Brasil, essa presunção, juntamente com a da exclusividade, vem prevista no art.

12 GROSSI, Paolo. História da Propriedade e Outros Ensaios. Rio de Janeiro: Renovar, 2006, p. 24. Luiz Ernani Fritoli e Ricardo Marcelo Fonseca (trad.);

1.231 do Código, para o qual "a propriedade presume-se plena e exclusiva, até prova em contrário".

Ora, se a plenitude é presumida, isso significa que nem toda propriedade será plena. De fato, nada impede ao proprietário desmembrar seus poderes, entregando parte deles a um terceiro e reservando para si os demais. É o que ocorre quando se constitui o usufruto (art. 1.390), por força do qual o proprietário se despe dos direitos de uso e fruição, retendo para si disposição e sequela. A propriedade, no usufruto, não é plena e, porque o titular se acha sem a posse, é dito nu-proprietário.

Na generalidade das situações jurídicas proprietárias, porém, a plenitude está presente, sendo excepcional a sua ausência.

5.2.2. EXCLUSIVIDADE

A análise da propriedade impõe divisá-la como um direito exclusivo, no sentido de que o poder sobre a coisa afasta o exercício de igual poder por outra pessoa. Com efeito, se a propriedade é plena, por assegurar o total aproveitamento do bem, não faz sentido a existência de um outro proprietário sobre a mesma coisa, pois um aniquilaria o poder do outro. Em tese, não pode haver plenitude de poderes se um sujeito concorre com outro.

Expresso é a respeito o Código Civil Argentino de 2015: *art. 1.943. Exclusividad. El dominio es exclusivo y no puede tener más de un titular. Quien adquiere la cosa por un título, no puede en adelante adquirirla por otro, si no es por lo que falta al título.*

Comentando a primeira parte de tal dispositivo, que é cópia do antigo Código Civil argentino, afirma Raymundo Salvat (1952, p. 43) que o proprietário pode, dentro dos limites traçados pela lei, opor-se a que qualquer pessoa retire da coisa, sem o seu consentimento, qualquer benefício ou utilidade, mesmo que com isso não lhe cause prejuízo algum.

No Brasil, a regra não sofre exceção nem mesmo no condomínio (art. 1.314 e ss.), tendo em vista que nosso sistema adota a teoria da propriedade integral, da qual se falará no capítulo próprio. Tem-se no condomínio uma pluralidade subjetiva (condôminos) em uma unidade objetiva (coisa). Nele os condôminos são proprietários da coisa, não de uma fração ou quinhão, sendo certo que os poderes são exercidos sobre a coisa toda.

Tomando-se em conta a extensão dos poderes no condomínio, diz-se que estes se acham delimitados, já que uso e gozo devem ser disciplinados de modo a equacionar os interesses dos comunheiros. Portanto, se um dos condôminos quer usar a chácara de lazer num determinado fim de semana, não poderá opor-se a que o outro a utilize no fim de semana seguinte.

No condomínio, os quinhões não passam de um mecanismo criado pela lei para disciplinar o uso do bem, mas não há dúvida de que, ao fazer uso, o condômino o faz com exclusividade.

5.2.3. ELASTICIDADE

Aos fatores exclusividade e plenitude, Orlando Gomes (2007, p. 110) acrescenta o da elasticidade. Segundo explica, quando perde a sua plenitude, a propriedade tende a recuperá-la, desde que desapareça a causa determinante da perda.

A elasticidade pode ser detectada nas hipóteses de desmembramento dos poderes do proprietário. É o caso do arrendamento e da parceria agrícola. Num e noutro exemplos, tendo se privado temporariamente do direito pleno de gozar e dispor, o titular depois o retoma, readquirindo o pleno exercício dos poderes dominiais.

5.2.4. PERPETUIDADE

Diz-se perpétua a propriedade, pois, uma vez constituída a relação jurídica proprietária, o direito é mantido mesmo não exercido pelo titular e só se perde, regra geral, em virtude de um ato de vontade, como nas alienações ou em razão de desapropriação. Se o contrato é uma relação transitória, a propriedade não tem tempo limite de duração.

Ao lado da enfiteuse e das servidões, é ela o único direito real perpétuo.

A perpetuidade, porém, já não se compadece com as transformações pelas quais passou o instituto a partir do Código de 1804. Modernamente, existem vários exemplos de propriedade transitória, como o domínio resolúvel, previsto nos arts. 1.359 e 1.360 do CC. Além disso, a desapropriação, o confisco e a usucapião são casos em que o proprietário é forçosamente despojado de sua titularidade.

Entre nós, as causas de perda da propriedade estão catalogadas nos art. 1.275 e 1.276 do Código Civil.

Pode-se dizer, em razão disso, que a propriedade tende a ser perpétua, mas não é necessariamente perpétua.

Por outro lado, fala-se em perpetuidade também no sentido de que, enquanto a coisa existe, ela deve ter um proprietário. Assim, mesmo que ocorra a alienação, a coisa seguirá tendo um dono. Casos como o de derrelição são excepcionais, assim como o de herança vacante ou jacente. Na verdade, a lei não tolera com coisas sem proprietário.

Veja-se, a propósito, a doutrina espanhola, consubstanciada na lição de Antonio Sanches (1996, p. 15):

> *El derecho de propriedad es perpetuo, ya que tiende a durar tanto como su objeto, o sea, es la duración física de la cosa la que determina la duración Del derecho. El mismo está llamado a durar ilimitadamente entre las manos de los sucesivos dueños, sin perjuicio de que a um titular concreto se la atribuya tal derecho sólo por um tiempo cierto e limitato. En otro sentido se habla igualmente de perpetuidad del domínio para explicar que éste no si pierde por prescripción extintiva, y sí sólo por usucapión de otro.*

Segue daí que a propriedade tem uma tendência a ser perpétua, mas não é necessariamente perpétua.

5.2.5. RELATIVIDADE

No passado, a propriedade foi vista como um poder absoluto, no sentido de possibilitar os mais amplos poderes sobre as coisas, sem qualquer preocupação funcional. Lapidar é o art. 554 do Código Civil Francês (1804), acima transcrito.

Hoje se rejeita o absolutismo, pois a propriedade está adstrita ao cumprimento de funções socioeconômicas. Ser relativo significa, portanto, que o instituto implica direitos, mas não apenas direitos. Como acima foi visto, ele gera também obrigações.

Por outro lado, é possível afirmar ser a propriedade um direito absoluto, porque implica oponibilidade *erga omnes,* que enseja ao titular a faculdade de perseguir o bem e recuperá-lo de quem quer que com ele esteja.

Percebe-se, então, que o vocábulo "absoluto" é empregado em dois sentidos. O primeiro deles, como poder ilimitado, já não é admissível na propriedade; o segundo, como direito oponível contra todos, pode ser empregado para qualificar o instituto. Necessário, portanto, ser cauteloso ao empregar o termo e, no caso da propriedade, o vocábulo só pode ser admitido na segunda acepção.

5.3. FUNÇÃO SOCIOECONÔMICA DA PROPRIEDADE

O Código Francês de 1804 consagrou a propriedade como direito absoluto, ou seja, uma relação de poder entre pessoa e coisa e sem qualquer escopo funcionalizante. Esse paradigma, que retoma o modelo da propriedade romana, é uma reação ao excessivo poder que o *ancien régime* exercia sobre a sociedade em geral. Ao lado da propriedade como direito absoluto, firmam-se a ideia da força obrigatória do contrato e a noção de que o marido é o chefe da sociedade conjugal. Na verdade, o Código se baseava no trinômio propriedade/contrato/família.

O antigo regime é aquele que vigorou na França antes da Revolução de 1789. Caracterizou-se pelo predomínio da Nobreza e do Clero, que, impondo sua vontade à Plebe e à Burguesia, mantiveram estas classes em condição de submissão.

Todavia, a ideia da propriedade como direito absoluto começa a apresentar erosão já a partir da segunda metade do Séc. XIX, quando as classes menos favorecidas, sob os influxos de teorias como a da socialização, humanização, nacionalização e democratização da propriedade, começam a sacudir o continente europeu.

Dentre as várias teorias proclamando uma revisão do modelo proprietário, merece destaque a da humanização. É, na verdade, uma concepção do Séc. XIII, sustentada por São Tomás de Aquino e retomada pelos padres católicos no Séc. XIX. De acordo com essa ideia, a propriedade fundiária, como dom de Deus, deve ser respeitada e mantida como um direito do particular. Mas, ao mesmo tempo em que ela é um direito, deve também atingir escopos sociais, dado seu potencial de produção de riquezas.

É de doutrina que "a função socioeconômica da propriedade, típica dos Estados de bem-estar social, é uma decorrência do princípio da dignidade da pessoa natural, razão pela qual a ideia de propriedade sofre significativa alteração com o predicado da função, convertendo-se de direito subjetivo para uma relação jurídica complexa" (ALVES: 2007, p. 118).

Surge daí o modelo de propriedade como relação jurídica, quer dizer, um vínculo que se estabelece entre o proprietário e a sociedade, por força do qual esta garante àquele os poderes sobre o imóvel, abstendo-

-se de nele interferir. Mas, ao mesmo tempo, exige-lhe o cumprimento de certas obrigações. Tem-se então que a relação jurídica de propriedade gera direitos e obrigações para o proprietário e para a sociedade, exercidos um em face do outro.

Se possível fosse radiografar a propriedade agrária e sua função, elas assim apareceriam:

O que se vê é o proprietário vinculado à sociedade em razão da propriedade de um imóvel. Ao direito do proprietário de usar plenamente o imóvel corresponde a obrigação da sociedade de abster-se de nele interferir. Ao dever do proprietário de dar uma função ao imóvel corresponde o direito da sociedade de exigir o funcionamento.

Segue daí o entendimento de que a propriedade, especialmente a agrária, sempre deverá estar associada a funções socioeconômicas.

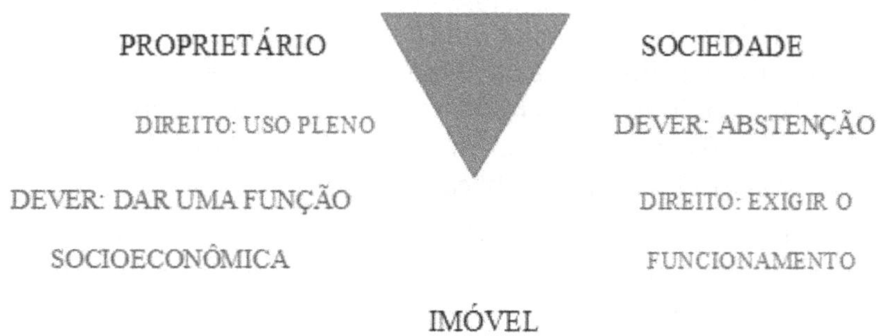

Em sede constitucional, tem-se, conforme explicitado, que a propriedade e sua função têm a natureza de um direito fundamental (CF, art. 5º., XXII e XXIII); são ambas também fundamentos da Ordem Econômica e Financeira (CF, art. 170, II e III). É o único Texto Constitucional do mundo em que a função socioeconômica da propriedade é direito fundamental, no caso um direito de natureza difusa.

Em matéria de propriedade agrária, o art. 186 do mesmo Texto arrola as hipóteses de cumprimento da função socioeconômica, redação semelhante à presente nas Leis n ºs 4.505/64 e 8.629/93. Referido dispositivo é claramente inspirado na Lei de Reforma Agrária venezuelana, de 1959. Assim, por força de lei, a propriedade agrária cumpre sua função socioeconômica quando, simultaneamente, observa quatro fatores, presentes nos incisos daquele dispositivo, a saber:

A) PRODUÇÃO DE RIQUEZAS (INC. I)

A produção de riquezas é o mais importante fator de cumprimento da função socioeconômica das coisas. O papel da propriedade fundiária é o de produzir alimentos, que, como é cediço, são essenciais para a sobrevivência da sociedade. Por isso se exige que a propriedade agrária seja necessariamente produtiva.

O fator econômico põe de manifesto a necessidade de o solo produzir frutos e produtos, tanto que "a legitimidade da terra só existe se cumprida essa função" (MIRANDA: 1992, p. 61). De fato, exige a sociedade segurança alimentar, obrigando proprietário e possuidor a obter rendimento de seu imóvel.

A questão da propriedade produtiva é objeto da Lei nº 8.629/93. Consoante seu art. 6º., §§ 1º. e 2º., exige-se que ao menos 80 por cento da área útil seja efetivamente explorada pelo empresário (GUT: Grau de Utilização da Terra) e que ele obtenha um índice de eficiência de 100 por cento (GEE: Grau de Eficiência da Exploração). Para apuração da eficiência, o INCRA dividiu o Brasil em microrregiões homogêneas, que levam em consideração características físico-climáticas, especialmente fertilidade do solo e regime pluviométrico.

Assim, por exemplo, na microrregião de Londrina, exige-se que o produtor de soja obtenha ao menos 100 sacas por alqueire, enquanto na região de Campo Grande o índice é de cerca de 80 sacas. Mas, em se tratando de pecuária, enquanto na região de Londrina exigem-se ao menos 2 cabeças por hectare, na Capital mato-grossense exigem-se 3. Isso porque cada uma das regiões tem peculiaridades próprias, melhor se prestando a um dado tipo de exploração.

B) PRESERVAÇÃO DO AMBIENTE NATURAL (INC. II)

O ambiente natural é composto de cinco diferentes elementos, a saber: (i) flora, (ii) fauna, (iii) águas, (IV) solo e (v) atmosfera. O respeito ao ambiente, como é sabido, encontra previsão constitucional, como se colhe do art. 225 do Texto de 1988. Por isso faz parte do conceito de função socioeconômica da terra. Sua infringência não leva à desapropriação, mas apenas a sanções, como as previstas na Lei nº 9.610/98 (Lei dos Crimes Ambientais).

Podem ser aqui referidas as principais leis que tratam do ambiente natural. A primeira delas é o Código Florestal (Lei nº 12.651/2012), que estabelece dispositivos de proteção às matas, como a reserva legal (varia de 20 a 80 por cento da área do imóvel), a mata ciliar (varia de 30 a 500 metros de largura em cada margem dos rios), a mata de encosta, a mata de nascentes etc. Em relação à fauna, podem ser referidas como principais o Código de Caça (Lei nº 5.197/1967) e o Código de Pesca (Lei nº 11.959/2009).

Relativamente às águas, de grande importância são duas leis federais: o Código de Águas (Dec. 24.643/1934) e a Lei de Recursos Hídricos (Lei nº 9.433/1997). Ambas as leis seguem vigentes, apesar da longevidade da primeira, um diploma elogiado no estrangeiro. Dentre as principais disposições da segunda dessas leis está o uso das águas para irrigação, severamente disciplinado, sendo certo que hoje se considera a água um recurso finito e de custo econômico.

Quanto ao solo, vale a pena mencionar a Lei de Agrotóxicos (Lei nº 7.802/89), que disciplina a aquisição, aplicação e descarte dessas substâncias químicas. Finalmente, no que concerne à proteção da atmosfera, pode ser referida a Lei nº 12.187/2009), que trata da mudança do clima. Questão sempre tormentosa no tocante à atividade agropecuária e poluição do ar é a das queimadas, que alguns Estados ainda praticam.

Como se vê, inúmeras obrigações de natureza ambiental cercam a atividade agropecuária. Como titular da iniciativa econômica, o empresário rural lhes deve estrita obediência e, conquanto não seja possível a desapropriação, graves são as sanções que podem ser aplicadas, inclusive a sanção penal.

Merecem ainda ser destacados, por sua importância e aplicação à atividade agrária, os princípios do Direito Ambiental. Mencionam-se aqui o princípio do crescimento sustentável, o princípio da prevenção, o princípio da precaução, o princípio do poluidor pagador, o princípio da responsabilidade integral e o princípio da participação. Alguns deles estão positivados; outros não. Mas a particularidade de se encontrarem previstos ou não na lei positiva não tem importância alguma.

Exemplos dos princípios. Desenvolvimento sustentável: (i) manutenção da reserva florestal de 20 por cento: (ii) Prevenção: realização de Estudo de Impacto Ambiental; (iii) Precaução: necessidade de licenciamento ambiental; (iv) Poluidor Pagador: obrigação de o fabricante de agrotóxicos recolher as embalagens já utilizadas; (v) Responsabilidade integral: dever de pagamento de indenização, multa e submissão a sanção penal no caso de crime contra o ambiente; (vi) Participação: audiências públicas em projetos capazes de causar significativo impacto ambiental.

C) RESPEITO ÀS RELAÇÕES DE TRABALHO (inc. III)

Nem sempre o empresário rural atua sozinho e pessoalmente na exploração de seu imóvel. É mais provável que se valha de terceiros, como empregados, arrendatários ou parceiros, os quais, investidos na posse do bem, põem-se a administrá-lo. Isso se faz mediante contrato, ou seja, um negócio jurídico entre o proprietário e aquele que irá ingressar na posse.

O inciso aqui examinado trata dos contratos de trabalho e exige do empresário rural estrita obediência às normas de proteção, como a CLT e a Constituição da República. Não é o caso de aqui discorrer acerca de tais normas, que devem ser estudas e interpretadas no Direito do Trabalho.

Registre-se apenas o problema dos trabalhadores em condições de vulnerabilidade, como os menores e as pessoas submetidas a condição análoga à de escravo. A mais grave das sanções que pode incidir na empresa rural dá-se naqueles casos de trabalho escravo, que, ao lado da exploração de culturas psicotrópicas, é hipótese não de desapropriação, mas de confisco do imóvel, conforme previsto no art. 243 das Disposições Gerais do Texto de 1988.

Interessante registrar que o Ministério do Desenvolvimento Agrário possui uma relação dos empresários rurais que exploram trabalho infantil ou escravo. Basta para isso acessar a página respectiva (www.mda.gov.br).

D) RESGUARDO DA DIGNIDADE DOS POSSUIDORES (inc. IV)

O último dos incisos do art. 186 versa sobre a dignidade daqueles que trabalham a terra, como os já referidos empregados, arrendatários e parceiros. A dignidade pessoal, que é princípio cardeal do Estado Brasileiro, é direito universal e, nas relações agrárias, diferente não poderia ser. Por isso é ela catalogada como obrigação do empresário em face daqueles que trabalham suas terras.

Não é possível definir dignidade, mas é possível senti-la e, para tal, vejam-se as leis que instituem programas de eletrificação rural, saneamento, água potável, aparelhamento de escolas, transporte público etc. O que importa, e isso já foi dito, é que se observe o mínimo existencial, propiciando condições dignas de trabalho e moradia.

Exemplo está no transporte de "boias-frias". Antigamente eram eles transportados nas carrocerias de caminhões, em pé e sem qualquer conforto e segurança. Exigem as leis, agora, que o transporte se faça por ônibus, em condição de conforto e segurança. Não raras vezes se viu acidentarem caminhões e morrer vários trabalhadores rurais.

Litterim:

> TRANSPORTE DE TRABALHADORES RURAIS - Regulamentação mediante Portaria da Superintendência do DER - Portaria SUP/DER-053-02/08/2010 - Restrição das autorizações para o transporte de trabalhadores rurais em veículos com mais de vinte anos de fabricação - Legalidade - Poder regulamentar da Administração Estadual derivado, dentre outros, do artigo 24, § 2º, da Constituição Federal, c/c artigos 7º, inciso IV, e 21, inciso II, do Código Brasileiro de Trânsito - Prevalência do conforto, dignidade e segurança dos passageiros, da segurança dos demais usuários da pista, e do imperativo da preservação ambiental (TJSP, 5ª. Câm. Dir. Priv., Ap. 1014436-55.2017.8.26.0032, Rel. Des. Fermino Magnani Filho, j. 19.dez.2017).

Colhe-se que o dever de fiscalizar e coibir transporte de trabalhadores rurais é também do Estado Federado, não apenas da União. Não se exclui também a competência do Município, atendendo a seu interesse local.

6. POSSE AGRÁRIA

Tema dos mais debatidos e desafiadores do Direito Agrário, poucas vezes uma figura jurídica gerou tanto desacordo doutrinário quanto a posse. O dissenso começa com sua natureza jurídica, se fato ou se direito, transita por seus elementos constitutivos e repercute na própria inclusão no quadro dos direitos reais. Em torno dela criaram-se teorias que celebrizaram juristas e marcaram uma época.

Se a propriedade é vista como o ponto nevrálgico do Direito Agrário, o centro ao redor do qual gravitam os direitos reais em geral, a posse desempenha papel tão ou mais importante. E isso porque ela é tanto fato como direito, a permitir a efetiva extração das utilidades socioeconômicas de uma coisa, poderes que nem sempre são exercidos pelo proprietário.

Nesse passo, o funcionamento econômico, ambiental e social do direito sobre a terra verifica-se na posse, ou seja, na relação entre o titular e o bem. Se a propriedade tem uma função socioeconômica, a posse é que servirá de parâmetro para aferi-la, e não a propriedade considerada em si mesma. E, não fosse por isso, a posse, isoladamente considerada, tem também uma função socioeconômica.

A posse é, sem qualquer dúvida, um dos institutos jurídicos que mais se afeiçoam a essa visão, não só por seu conteúdo civil, agrário, constitucional, ambiental e urbanístico, mas também e principalmente porque ela concorre decisivamente para o atingimento dos objetivos do Estado Brasileiro (CF, art. 3º.).

Por isso sua abordagem não pode ser estática, mas dinâmica, demandando exegese sistemático-axiológica e dialogando com os vários ramos do Direito. Na feliz expressão de Norberto Bobbio (1995, p. 20), trata-se de estudar a árvore sem esquecer a floresta.

6.1. CONCEITO

Os direitos reais são sujeições de um bem a uma pessoa. Uma corrida de olhos pelos sistemas civis do Ocidente revela que o Direito reconhece quatro diferentes formas de sujeição de coisas a pessoas, a saber: *a)* propriedade e seus desmembramentos; *b)* posse; *c)* detenção e *d)* tolerância ou permissão. No Código Civil, são elas encontradas, respectivamente, nos arts. 1.228, 1.196, 1.198 e 1.208. Entender a posse só será possível diferenciando-a da propriedade, o que agora se fará.

A propriedade é sempre um direito, acompanhado ou não da posse. Para ser proprietário não é preciso ser possuidor e, salvo situações especiais, como a da usucapião, ninguém deixa de ser dono por deixar de possuir. A propriedade pressupõe uma causa ou título de aquisição legalmente reconhecidos, o que, no Código vigente, vem disciplinado nos arts. 1.238 e ss. Logo, a propriedade é um poder abstrato, que se funda num título, não num fato.

A posse, de seu turno, embora possa ser um direito, tem sua origem num fato, isto é, na relação entre pessoa e coisa. Quem tem poder sobre uma coisa, controlando-a, usando-a e aproveitando-lhe as utilidades, é possuidor, ainda que se trate de um poder injusto e de má-fé.

Ao contrário da propriedade, para que se configure a posse não é necessário causa ou título. Estes são importantes no tocante aos efeitos materiais (art. 1.214 e ss.) e interditais (art. 1.210 e ss.), mas não têm relevância alguma na caracterização da posse. Por isso não se nega ao ladrão ou esbulhador, que têm a coisa ou a terra sob seu poder de fato, a condição de possuidores.

Como a posse não exige título, forçoso convir que mesmo os poderes ilícitos sobre coisas compreendem-se em seu conceito. O ladrão e o esbulhador têm posse, assim como o sem-terra e o sem-teto, porque sujeitam coisas a si e delas retiram utilidades. É o que basta para ser possuidor. Saber se a posse é justa ou injusta, de boa-fé ou de má-fé, são questões que estão fora de seu conceito.

Alguém ingressa em terreno alheio e inicia uma plantação: tem posse sem ser dono; outro compra uma fazenda em lugar distante, mas nem chega a conhecê-la: tem propriedade, mas não tem posse. Por isso o proprietário pode ser dono sem ser possuidor, e o possuidor pode conservar a coisa sem ser proprietário.

Sem embargo, quase sempre o proprietário é também possuidor, pois o domínio implica o direito de possuir. Dito em outras palavras, quer isso significar que posse e propriedade frequentemente se enfeixam na figura de um mesmo titular, mas essa não é uma condição necessária.

Francesco Messineo (1979, p. 203) estabelece as diferenças entre ambas: a posse prescinde da titularidade do direito que se exercita. Quem exercita um direito, sem ter titularidade, é possuidor. Quem tem uma titularidade, ainda que não a exerça, é proprietário. O possuidor exerce poderes, mesmo não tendo título. O proprietário tem título, mas pode ou não exercer poderes.

Ao examinar a origem da posse no direito romano, a doutrina aponta que a sujeição de fato (posse) desvinculou-se do problema da sujeição de direito (propriedade ou domínio). Com isso se percebe que o romano já diferençava posse e propriedade. O Digesto (533 d.C.) foi eloquente ao erigir em axioma as regras segundo as quais *separata esse debet possessio a proprietate* ("a posse deve ser separada da propriedade") e *nihil commune habet possessio cum proprietate* ("a propriedade nada tem em comum com a posse").

Diante disso, grave erro é confundir os conceitos de posse e de propriedade. Como salienta Rudolf von Ihering (1999, p. 11), uma das formas pelas quais se distingue um jurista de um outro homem é a diferença que ele estabelece entre os conceitos de posse e de propriedade.

Apesar de não se confundirem, na linguagem popular tais conceitos são empregados como sinônimos. Para o leigo, o ato de possuir revela propriedade. Assim, comumente se alude ao fazendeiro como "homem de muitas posses". Apesar de a posse consistir no poder de ingerência socioeconômica sobre uma coisa, a alusão é tecnicamente errada, porque ser possuidor não significa ser dono.

Ora, se a posse são poderes de fato sobre bens, necessário é saber que poderes são esses. Ao tempo de Ihering dizia-se que possuidor era quem aparentava poderes de propriedade. Mas hoje, após Raymond Saleilles, diz-se que que os poderes que têm o possuidor são os poderes que existem ou na propriedade ou em outros direitos reais. Logo, possuidor é quem tem um poder de ingerência socioeconômica sobre uma coisa.

Segue daí ser a posse o poder de controle sobre uma coisa, com abstração da causa de onde provém. Se alguém vê uma pessoa no sítio com uma enxada, não poderá afirmar que ali está a propriedade, mas terá razão se disser que a pessoa é possuidora, pois este está a tirar uma utilidade da enxada.

Para saber se o cavador é proprietário, terá de ir além e perguntar se os poderes que aquele exerce têm uma causa ou título. Se o usuário da enxada comprou, ganhou ou recebeu em permuta esse objeto, tem título de propriedade (CC, art. 1.260); se o tem em empréstimo ou mesmo se o furtou, é simples possuidor.

Quando o sujeito demonstra, *prima facie,* o poder de tirar utilidades de uma coisa, deve ser tido como possuidor e merecedor de proteção interdital. Nosso Código Civil, fiel ao pensamento de Ihering, considerou a posse um estado de aparência da propriedade. Assim dispõe o art. 1.196: "Considera-se possuidor todo aquele que tem de fato o exercício, pleno ou não, de alguns dos poderes inerentes à propriedade".

Todavia, não mais se adota a ideia de posse como aparência da propriedade. Na verdade, o que diz o codificador é que a posse implica poderes que também podem ser encontrados na propriedade. Isso não significa que toda posse seja uma aparência de propriedade.

Ademais, ser possuidor não implica, necessariamente, a prática de atos positivos pelo titular nem reclama sua presença física diante do bem. O conhecido exemplo de Ihering (1999, p. 63) é significativo: o lenhador que corta as árvores no alto da montanha e atira os troncos à correnteza do rio, com o fito de apanhá-los na planície, não perde a posse sobre eles, ainda que se mantenha distante. Qualquer expectador saberá que a intenção do lenhador é a de conservar a coisa em seu poder e que o ato de lançar as coisas ao rio não constitui abandono, mas uma forma de utilização racional do bem.

Idem em relação ao caçador que deixa as armadilhas na floresta ou do pescador que arma sua rede. Ambos só obterão os resultados úteis da posse se estiverem distantes dos sítios de caça e pesca. Embora não se encontrem eles próximos da armadilha e da rede, qualquer um que por ali passar deduzirá que ambas estão sob o controle de alguém, que espera capturar a caça ou o peixe. Por isso, subtraí-las sem a autorização do dono implicará crime de furto. A floresta e o rio são o ambiente onde armadilha e rede desempenham sua função.

Sílvio Rodrigues (2002, p. 22) lembra o caso dos agricultores que, à medida em que efetuam a colheita, deixam os frutos amontoados no campo, para virem a apanhá-los quando concluírem seu trabalho. Mesmo que eles permaneçam distantes por vários dias, não terão perdido a posse, porque deram aos frutos uma destinação racional, que é a de ser mantidos no campo até a conclusão da vindima.

Com efeito, o fator preponderante da posse não é o contato físico, mas o elemento econômico. A posse, conforme Tito Fulgêncio (1984, p. 20) é a relação entre pessoa e coisa, segundo uma destinação econômica. Logo, ainda quando o possuidor não se encontre em contato direto com o bem, ter-se-á um fato suscetível de proteção, desde que a coletividade em geral entenda no comportamento do titular a intenção de aproveitamento econômico.

A isso se chama poder de ingerência socioeconômica, que designa a possibilidade de empregar um bem para satisfação própria, segundo sua finalidade. Como foi dito, não se trata de ter a coisa sempre consigo, mas da possibilidade de usá-la de acordo com sua destinação. Assim, não significa perda da posse o fato de alguém sair em viagem e deixar em casa o aparelho de televisão. É em casa que o aparelho cumpre sua função quando o dono está em viagem.

A posse gera sempre a possibilidade de extrair vantagens do bem. Sujeitos que mantêm coisas em seu poder, mas conservando-as em nome alheio, como ocorre com o chacareiro e o piloto de avião, não são possuidores. Nem podem ser protegidos nem podem usucapir. Consequentemente, o fator econômico é fundamental na posse.

Levando em conta esse raciocínio, o Projeto de Lei nº. 669/2011, que apresenta várias sugestões de emenda ao Código Civil, sugere a seguinte redação ao art. 1.196: "considera-se possuidor todo aquele que tem poder fático de ingerência socioeconômica, absoluto ou relativo, direto ou indireto, sobre determinado bem da vida, que se manifesta através do exercício ou possibilidade de exercício inerente à propriedade ou outro direito real suscetível de posse".

Diante disso, tem-se o seguinte: a posse é fato juridicamente protegido, um poder de ingerência sobre uma coisa, da qual se extraem uma utilidade socioeconômica.

6.2. CONTRASTE COM A PROPRIEDADE

Duas são as principais diferenças entre propriedade e posse. A primeira delas é que, enquanto a propriedade é sempre um direito, a posse é sempre um fato, embora possa ser também um direito. A segunda diferença é que a propriedade pressupõe um título, enquanto a posse não o exige. Vale dizer, a propriedade tem seu fundamento na lei, enquanto a posse encontra suas raízes na natureza das coisas. Historicamente, veio primeiro a posse; depois o homem criou a propriedade.

Não há propriedade que não seja direito; se direito não for, não se tem propriedade. A propriedade, portanto, é sempre lícita e está de acordo com a lei. A posse nem sempre é lícita, porque pode apresentar-se injusta e de má-fé. Sem-terra, sem-teto e arrendatário que não restituem o imóvel têm posse, ainda que contrária ao Direito. Ladrão também tem posse, sendo certo que, para a aquisição por usucapião, não se exige da posse ser lícita nem de boa-fé. Hoje, em nome da função socioeconômica e da teoria da melhor posse, protege-se inclusive posses de má-fé.

A propriedade tem assento constitucional e repousa no art. 5º., XXII, ao lado de sua função socioeconômica, prevista no inciso seguinte. No Código Civil tem-se previsão da propriedade a partir do art. 1.228, enquanto a posse está nos arts. 1.196 e ss. Ambas são conceituadas como poderes sobre coisas, mas a primeira é mais ampla e envolve plenitude, inclusive o poder de alienação. A segunda não envolve o poder de dispor do bem. O arrendante pode vender a casa; o arrendatário não.

Concluído ser a propriedade um direito e a posse um fato, passa-se agora à segunda diferença. Sendo direito, a propriedade é sempre titulada, o que significa que pressupõe uma causa de aquisição legalmente reconhecida, como o registro da escritura, a usucapião e as acessões (Cód. Civil, arts. 1.238 e ss.). Ninguém se torna dono senão por força de causa legalmente prevista como apta à aquisição.

A posse, de seu turno, não exige título como condição de existência. Nela o título só terá importância para cômputo do prazo de usucapião e para o exercício da proteção possessória. Se alguém ingressa numa fazenda, invadindo-a, obtém posse. Se alguém encontra um objeto perdido e o apanha, tem posse, ainda que depois tenha que devolvê-lo. Vale isso a dizer que, no conceito de posse, não se indaga da causa de sua aquisição, a não ser para certos e determinados efeitos.

É possível, sem embargo, que posse e propriedade andem juntas, concentradas nas mãos de uma só pessoa. É o caso do proprietário que explora sua fazenda. Tem ele propriedade, podendo inclusive vendê-la ou hipotecá-la, mas também tem posse, podendo dela tirar proveitos econômicos, usando e fruindo. Mas, se o mesmo proprietário dá em arrendamento a fazenda, perde a posse, mas continua proprietário. E o arrendatário, de seu turno, adquire a posse, mas sem ser proprietário.

Tem-se então o seguinte: (i) há proprietários possuidores; (ii) proprietários não possuidores e (iii) possuidores não proprietários. Mas, frequentemente, o proprietário é também possuidor.

Apesar de diferentes, posse e propriedade devem cumprir uma função socioeconômica. O fato de as leis não se referirem à função da posse não afasta essa conclusão.

Relativamente à detenção, é certo que ela não é direito, senão o simples poder de conservar uma coisa em nome de alguém, geralmente o proprietário. Motorista de ônibus em relação ao veículo; caixa bancário em relação às cédulas; caseiro em relação à chácara de lazer, eis exemplos de detenção, prevista no art. 1.198 do Código Civil. Às vezes a detenção se transforma em posse, como naqueles casos em que o caseiro, diante do abandono pelo dono, toma para si a chácara e começa a se comportar como proprietário, tirando proveito do bem[13].

RESUMO

FIGURA JURÍDICA	FATO	DIREITO	TÍTULO
PROPRIEDADE	NÃO	SIM	SIM
POSSE	SIM	PODE SER	NÃO
DETENÇÃO	SIM	NÃO	NÃO

A possibilidade de a posse ser ou não um direito é que faz com que os juristas a vejam como uma figura especial, que sempre é um fato e, quando se torna um direito, pode ter natureza real *(erga omnes)* ou simplesmente pessoal *(erga parte)*.

13 Enunciado 301 da IV Jornada de Direito Civil da Justiça Federal: "É possível a conversão da detenção em posse, desde que rompida a subordinação, na hipótese de exercício em nome próprio dos atos possessórios";

Módulos Fiscais no Brasil

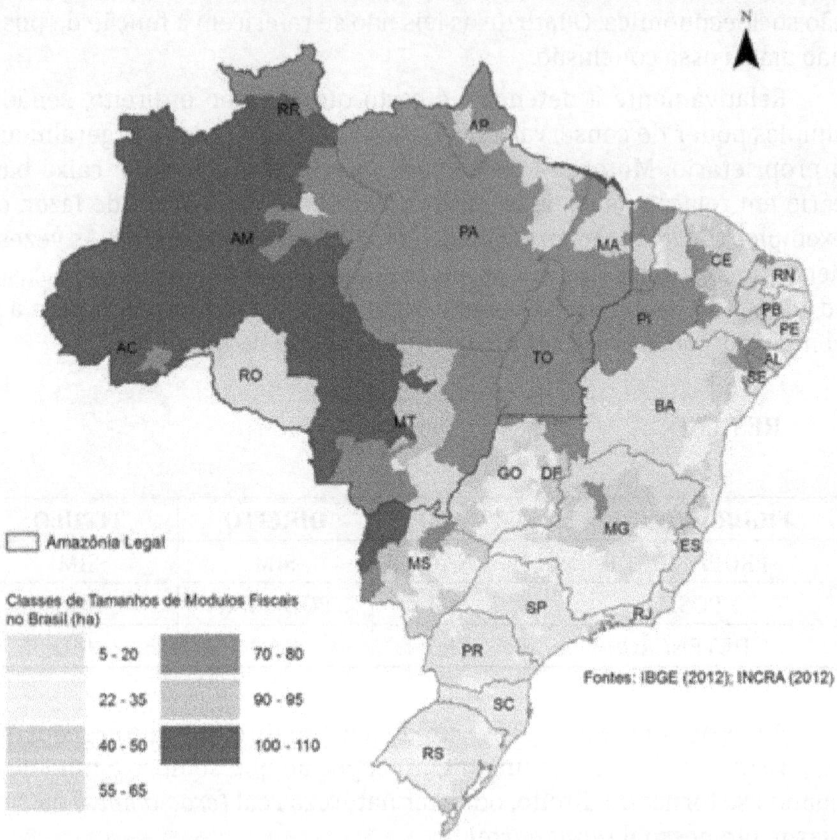

CAPÍTULO 2

ATIVIDADE AGRÁRIA E AMBIENTE NATURAL

INTRODUÇÃO

O Capítulo ora iniciado tem como escopo trazer informações sobre a questão ambiental nos negócios jurídicos agrários. O estudo do Direito Agrário não pode deixar de lado o fator ambiental, tendo em vista que uma das obrigações dos titulares da terra, incluindo aí a figura dos contratantes, é a de preservação dos recursos naturais, como expressamente se recolhe dos arts. 13 e 38, III, do Decreto 59.566/66.

Percebe-se, diante disso, o entrelaçamento deste capítulo ao capítulo anterior, sendo certo que a questão ambiental na propriedade agrária gera uma série de obrigações e sanções para o seu descumprimento. Além disso, como profissional da área, deve o aluno munir-se de conhecimentos para auxiliar o produtor rural a explorar a terra dentro dos parâmetros legais.

1. NOÇÕES BÁSICAS SOBRE O AMBIENTE

É interessante anotar, já de início, que o uso da expressão "meio ambiente" é equivocado, ainda que frequentemente seja ela vista na lei escrita, incluindo aí a Constituição da República, na jurisprudência e na doutrina. A expressão é manifestamente pleonástica (FIORILLO: 2017, p. 55), pois meio e ambiente são termos sinônimos. Incorreto, portanto, o emprego de "meio ambiente".

Malgrado tal questão não tenha aplicação prática, recomenda-se ao aluno evitar o uso do pleonasmo. Melhor, portanto, dizer simplesmente "ambiente", um termo mais elegante e que expressa melhor o tema de se quer falar. "Ambiente natural" e "ambiente urbano" são preferíveis a "meio ambiente natural" e "meio ambiente urbano".

1.1. CONCEITO DE AMBIENTE

A principal normativa brasileira sobre o ambiente é a Lei nº 6.938/81. Concebida em pleno período militar, ela dispõe sobre as diretrizes a serem adotadas pelo Brasil no cuidado com os vários ambientes. É, na verdade, uma lei que tem como fim densificar os princípios criados na Conferência de Estocolmo no ano de 1972, evento considerado pioneiro em nível mundial. Nele se tratou da proteção ambiental global e, tendo em vista o sucesso que atingiu, decidiram as Nações realizar conferências mundiais a cada 20 anos. Por isso no Brasil se realizou, em 1992, a Rio-92.

O conceito legal de ambiente é dado pelo art. 3º., I, daquela lei, que assim enuncia: "meio ambiente é o conjunto de condições, leis, influências e interações de ordem física, química e biológica, que permite, abriga e rege a vida em todas as suas formas". O conceito é interessante, porém peca pela parcialidade, tendo em vista que cuida apenas do ambiente natural e deixa de lado as muitas outras espécies de ambiente, como o artificial.

Por outro lado, é certo que os princípios e diretrizes da Lei nº 6.938/81 aplicam-se a todos os tipos de ambiente, o que leva a concluir que o conceito previsto naquele dispositivo é claramente insuficiente. A doutrina conceitua o ambiente como a "interação do conjunto de elementos naturais, artificiais, e culturais que propiciem o desenvolvimento equilibrado da vida em todas as suas formas" (SILVA: 1993, p. 19).

Como se recolhe, o ambiente natural é apenas uma das dimensões do ambiente. Não há dúvida de que o ambiente tem como objeto dar suporte à vida. A questão é que a vida não é suportada apenas pela natureza (dimensão física, química ou biológica), senão também pelos ambientes construídos pelo homem, como as cidades, as indústrias etc.

Tem-se, portanto, que no conceito de ambiente entram quaisquer elementos que, interagindo com o ser humano, asseguram o desenvolvimento saudável da vida em suas múltiplas dimensões, biológicas ou não. Exemplo: a excessiva produção de ruídos nas cidades entra no conceito de ambiente, mas no ambiente artificial. A poluição sonora é capaz de comprometer a qualidade de vida nas cidades, porque ofende o sossego do morador, e o sossego compõe o conceito de vida em seu sentido amplo.

Assentadas tais ideias, ingressa-se agora no estudo dos princípios do Direito Ambiental, de cuja importância se falou no Capítulo 1.

1.2. PRINCÍPIOS DO DIREITO AMBIENTAL

Os princípios do Direito Ambiental nem sempre são escritos e a maioria deles é fruto de encontros e conferências globais aos quais comparecem as várias nações. Embora estas reconheçam a validade do princípio, nem sempre o incorporam em suas leis escritas. Podem ser anotados como princípios do Direito Ambiental:

1.2.1. PRINCÍPIO DO CRESCIMENTO SUSTENTÁVEL

Talvez o mais significativo dos princípios do Direito Ambiental, esse princípio tem como destinatário o poder público, a quem aponta como guardião da ordem ambiental. Nesse passo, o Relatório da Comissão Brundtland, redigido na Noruega em 1987 e intitulado "Nosso Futuro Comum", conceitua o crescimento sustentável como "o desenvolvimento que satisfaz as necessidades presentes, sem comprometer a capacidade das gerações futuras de suprir suas próprias necessidades".

O que esse princípio almeja é buscar um ponto de equilíbrio entre o crescimento econômico e a preservação do ambiente, de forma a não tolher o primeiro a pretexto de assegurar o segundo, nem sacrificar o segundo sob a escusa de garantir o primeiro. Quando um empresário se propõe a levar a cabo um projeto, é possível que interfira no ambiente, causando-lhe certo impacto. Surge, então, um conflito de valores: qual deles é mais valioso, o crescimento econômico ou a integridade do ambiente?

O princípio do crescimento sustentável, antes chamado "desenvolvimento sustentável", determina que as iniciativas econômicas podem interferir no ambiente, mas não podem torná-lo inviável para as gerações vindouras. Assim, a locução "crescimento sustentável" significa a possibilidade de operar no ambiente sem que sua integridade seja comprometida. Isso porque, se o for, novas iniciativas econômicas não se tornarão viáveis.

Com efeito, "a definição da norma a incidir sobre o caso deve garantir a melhor e mais eficaz proteção ao meio ambiente natural e ao meio ambiente artificial, em cumprimento ao disposto no art. 225 da CF/1988, sempre com os olhos também voltados ao princípio do desenvolvimento sustentável (art. 170, VI,) e às funções social e ecológica da propriedade" (STJ, 1ª. Seção, REsp 1770808 / SC, Rel. Min. Benedito Gonçalves, j. 28.abr.2021).

Exemplo: um empresário quer instalar uma fábrica nas proximidades de um rio. Para isso, deverá submeter o projeto a um processo de licenciamento e obter licença de operação. Esta só será concedida se o empresário demonstrar que os efluentes serão devidamente tratados e purificados antes de lançados ao rio, de modo a não violar nem a fauna nem a flora das águas.

No exemplo, o processo de licenciamento é necessário, porque, se à empresa fosse dado lançar os resíduos sem tratamento, a higidez do rio seria comprometida. Se isso ocorrer, a água se tornará imprópria aos seres humanos e animais vindouros, que já não poderão usar desse recurso natural.

Entre nós, o princípio aqui examinado vem expresso no art. 225 da Constituição da República e está presente em numerosas leis ordinárias, como na Lei de Recursos Hídricos (Lei nº 9.433/97) e no Código Florestal (Lei nº 12.652/2012).

1.2.2. PRINCÍPIO DA PROIBIÇÃO DO RETROCESSO

O princípio da proibição do retrocesso é também uma norma de aplicação global. Ele significa que uma lei não pode ser criada para revogar lei que assegura maior proteção do ambiente. Em outras palavras, quer isso dizer que as conquistas legais referentes à proteção do ambiente funcionam como uma espécie de "cláusula pétrea", não podendo lei nova suprimir os valores ambientais assegurados pela lei velha.

Os valores ambientais assim conquistados constituem simultaneamente uma garantia institucional e um direito subjetivo, de forma que o particular pode exigir do Estado a proibição de criar normas que, de alguma razão, retrocedam a uma condição anterior (CANOTILHO: 1986, p. 393)

É de doutrina, com efeito, que esse princípio limita a reversibilidade dos direitos adquiridos e das expectativas de direitos, em observância ao núcleo social dos direitos fundamentais (DERBLI: 2007, p. 75). Relembre-se que os direitos fundamentais sociais são aqueles que podem ser exigidos do Estado, como a saúde, a educação, a segurança, a previdência social, o respeito ao ambiente etc.

Na verdade, o campo de incidência do princípio em apreço são os direitos de terceira geração, ou seja, direitos que se fundam na ideia da socialidade ou cooperação, onde se enquadra o direito ao ambiente equilibrado. Retrocesso haveria se, por exemplo, o legislador propusesse a revogação da norma que obriga o licenciamento (Resolução 237 do CONAMA) em atividades capazes de causar significativo impacto ambiental.

O retrocesso em matéria ambiental é inadmissível. Não é possível admitir uma lei que, brutalmente, revogue normas antipoluição ou normas sobre a proteção da natureza; ou, ainda, que suprima, sem justificativa, áreas ambientalmente protegidas (PRIEUR: 2012, p. 17).

Vale isso a dizer que "o legislador não pode, uma vez concretizado determinado direito no plano da legislação infraconstitucional, voltar atrás, suprimindo ou reduzindo esse direito, de forma a afetar e comprometer a garantia da dignidade humana" (SILVA: 2013, p. 47).

Exemplo de descumprimento a esse princípio está no novo Código Florestal Brasileiro (Lei nº 12.651/2012, cujo art. 3º., parágrafo único, dispensa da reserva legal as propriedades com até 4 módulos fiscais. A lei anterior não trazia qualquer possibilidade de dispensa.

Assim decidiu o STJ:

> Assim, resta impossibilitada a aplicação retroativa do art. 15 da Lei nº 12.651/2012, uma vez que o padrão de proteção ambiental estabelecido pela nova lei é inferior àquele já existente, de modo que, em estrita observância aos princípios de proibição do retrocesso na preservação ambiental e do *tempus regis actum*, a instituição da área de reserva legal, no caso dos autos, deve se amparar na legislação vigente ao tempo da infração ambiental (STJ, 1ª. Turma, AgInt no REsp 1700760 / SP, Rel. Min. Sérgio Kukina, j. 9.nov.2022).

Aqui um claro exemplo da aplicação do princípio.

1.2.3. PRINCÍPIO DA PARTICIPAÇÃO

Um dos mais importantes princípios do Direito Ambiental, surgido a par da ideia do crescimento sustentável, o princípio da participação subtrai ao poder público a exclusividade no trato da questão ambiental.

Não é somente o Estado que tem o dever de zelar pela qualidade dos vários ambientes, mas também a sociedade como um todo.

Há vários exemplos de aplicação do princípio. Um deles é o das audiências públicas, eventos nos quais os vários setores da sociedade, diante de um projeto capaz de causar significativo impacto ambiental, são ouvidos, fazem-se ouvir e podem opinar. É o que ocorreu no Brasil quando do projeto de exploração do pré-sal e da transposição do Rio São Francisco. Vários segmentos da sociedade foram auscultados em audiências pelo País.

Outro exemplo em que o princípio é aplicado reside no ensino fundamental, onde são obrigatórias lições sobre o ambiente. Criança que cresce com a consciência valorativa do ambiente não o agredirá na idade adulta. A coleta seletiva de lixo, efetuada pelas pessoas em geral, também é exemplificativa da participação.

1.2.4. PRINCÍPIOS DA PREVENÇÃO E DA PRECAUÇÃO

Prevenção e precaução são comumente tratadas como sinônimos. Mas não se pode confundi-los, tratando-se, na verdade, de princípios autônomos, ainda que ostentem pontos de contato e de semelhança. Ambos são prospectivos, voltando-se para o futuro, buscando evitar danos ou, então, atenuá-los.

Em relação à prevenção, adota-se o princípio quando se tem certeza do perigo e quando existem elementos seguros para afirmar que uma determinada atividade é "efetivamente perigosa" (MILARÉ: 2013, p. 263). Na prevenção, "prevê-se", antevê-se a consequência danosa, que é certa. Assim, adotam-se mecanismos para que a interferência seja a menor possível. Exemplo está na construção de uma barragem para geração de energia elétrica. Os danos (desaparecimento da fauna ictiológica, alagamento de cobertura florestal, perda de terras agricultáveis etc.) podem ser antevistos ainda na fase de projeto.

A precaução, de seu turno, tem origem no direito alemão, num projeto de lei de proteção à qualidade do ar (ANTUNES: 2013, p. 31). Adota-se precaução quando não se tem certeza da ocorrência do dano ambiental. Um exemplo está na carne sintética. Como não se sabe se ela terá, a longo prazo, efeito no ambiente natural e na saúde humana, cautelas são tomadas para evitar ou contornar eventual dano. Assim, recomenda-se que seu consumo seja controlado. Instrumentos concretizadores de ambos os princípios são o processo de licenciamento ambiental e o EIA/RIMA, dos quais se falará no item respectivo

Com efeito:

> Incerteza quanto aos danos decorrentes do plantio de organismos geneticamente modificados, tanto ao meio ambiente quanto à saúde humana, especialmente sobre a soja transgênica resistente ao herbicida 'Round Up', que recomenda o indeferimento da medida. Flagrante perigo de irreversibilidade do provimento liminar pleiteado, em face das conseqüências irreversíveis que adviriam ao agravado pela interdição da propriedade para 'qualquer cultivo (TJPR, 2ª. Câm. Cív. Ac. 3.153337-1, Rel. Des. Bonejos Demchuk, j. 25.out.2004).

No caso trazido ao Judiciário, como não se conhecem os efeitos da soja transgênica no longo prazo, tomam-se cautelas para diminuir o risco à saúde. Isso é uma aplicação do princípio da precaução.

1.2.5. PRINCÍPIO DO POLUIDOR PAGADOR

O princípio do poluidor pagador não abre as portas para a prática da poluição. Quem paga não pode poluir. Na verdade, tem-se o contrário: quem polui deve pagar. Aqui duas afirmações são necessárias: (i) poluir não significa necessariamente uma violação ao ambiente natural, mas a violação a qualquer ambiente, como acontece com os outdoors, que lesam o paisagismo das cidades. Além disso, o verbo "pagar" não implica sempre desembolso em dinheiro, como o princípio parece sugerir. Na verdade, seu significado é o de imposição de obrigações.

Sempre que alguém projetar ou executar uma intervenção no ambiente, deverá arcar com todos os ônus que possam daí decorrer. Exemplo está no setor industrial. O que obriga o empresário a instalar filtros na saída das chaminés é o princípio do poluidor pagador; também a obrigação de custear o EIA/RIMA pode ser vista como decorrência do princípio. Veja-se que não se trata aqui de sanções, mas do dever de suportar os ônus para interferir no ambiente atmosférico.

De fato, não pode a sociedade ser onerada pela atividade de quem, visando ao lucro, propõe-se a utilizar o ambiente. Com efeito, "não deve se falar em terceiros tolerando os custos daqueles que se beneficiaram pelo emprego dos bens ecológicos" (ARAÚJO: 2010, p. 10). Cuida-se aqui de internalizar os custos pela intervenção no ambiente natural.

Nos EUA há uma interessante disposição legal, aplicável ao industrial que recolhe água dos rios para produção de refrigerantes. É ele obrigado a lançar os efluentes rios acima e captar água rio abaixo. Como a qualidade da água é essencial para o sucesso do produto, é forçado a lançar os efluentes após rigoroso tratamento. O custo disso tudo é suportado pelo empresário, não pela sociedade, à qual não poderão ser repassados os ônus pela purificação da água.

Decorrência do princípio do poluidor pagador é a logística reversa. Todo aquele que pôs um produto na cadeia de consumo e que pode causar um dano ambiental, fica obrigado a retirá-lo de circulação após seu uso. Exemplo: reciclagem de pneus, destruição de embalagens de agrotóxicos e reciclagem de latas de refrigerante. Tudo isso será garantido pela empresa que inseriu tais produtos no mercado.

De fato, "os fabricantes, importadores, distribuidores e comerciantes de pilhas e baterias, dentre elas as veiculares, são obrigados a estruturar e implementar sistemas de *logística reversa,* mediante retorno dos produtos após o uso pelo consumidor de forma independente do serviço público de limpeza urbana e de manejo dos resíduos sólidos" (TJRS, 17ª. Câm. Cív. Ap. Cív. 700685252340, Rel. Des. Giovanni Conti, j. 31.mar.2016).

Clara aqui a aplicação do princípio da logística reversa.

1.2.6. PRINCÍPIO DA UBIQUIDADE

Talvez o menos conhecido dos princípios do direito ambiental, a ubiquidade impõe a observância do fator ambiental nas iniciativas econômicas que envolvem a construção de prédios, estruturas ou espaços dedicados ao público. Trinta anos atrás, quando se construía um loteamento de casas, por exemplo, só se tinham em consideração o arruamento e as dimensões dos vários lotes. No mesmo sentido, quando se construía um centro de ensino, como uma escola, só se pensava na existência de salas, dotadas de porta, janelas, lâmpadas e quadro de giz. Num e noutro exemplo, a qualidade de vida era um dado secundário.

Nos dias presentes, ambos os empreendimentos só serão aprovados se atentarem para o bem-estar dos moradores e alunos. O projeto de loteamento deverá, por exemplo, ater-se à largura das ruas (trânsito), ao espaçamento entre as casas (paisagismo e privacidade), aos recuos das construções de esquina (segurança), à existência de áreas verdes (lazer) etc. Já o projeto da escola deverá levar em consideração a altura e dimensões da sala (conforto acústico e térmico), a existência de número mínimo e máximo de janelas (luminosidade), a um número de sanitários proporcional ao número de alunos etc.

Sem embargo, a ubiquidade é empregada num outro sentido e designa a obrigação que tem um Estado de comunicar o outro quanto à possibilidade de um dano ambiental projetar-se para além das fronteiras. Em 1985 teve lugar o acidente de Chernobyl na antiga URSS, que silenciou sobre o acidente. O problema só foi conhecido quando sensores instalados na Suécia detectaram a radiação na atmosfera. Aqui uma clara violação à ubiquidade.

1.2.7. PRINCÍPIO DA RESPONSABILIDADE INTEGRAL

Este princípio está expresso no Princípio 13 da Declaração do Rio de Janeiro, graças à qual "os Estados deverão desenvolver a legislação nacional relativa à responsabilidade e à indenização referente às vítimas da contaminação e outros danos ambientais". Claro resulta dessa redação que o princípio se ocupa da responsabilização pelo dano ambiental e da punição ao infrator.

A responsabilidade ambiental exibe roupagem bem diferente da responsabilidade civil, calcada na ideia da culpa. Em se tratando de ambiente vigora como regra a responsabilidade objetiva, não se excluindo, em alguns casos, a responsabilidade sem culpa. O fundamento legal no Brasil reside no art. 14, § 1º., da Lei nº 6.938/81.

É oportuno salientar que a responsabilidade sem culpa **é** uma aplicação da teoria do risco integral, por força da qual não existem excludentes de responsabilidade. Assim, se um raio vem a incendiar a reserva legal de uma propriedade rural, seu proprietário se responsabilizará pela recomposição da mata. Não há excludentes.

Contudo, existem danos ambientais que, embora submetidos à teoria da responsabilidade objetiva, admitem excludentes. Exemplo está na Lei nº 6.453/77, que trata da poluição nuclear no Brasil. Seu art. 8º. diz: "O operador não responde pela reparação do dano resultante de acidente nuclear causado diretamente por conflito armado, hostilidades, guerra civil, insurreição ou excepcional fato da natureza".

A diferença entre a responsabilidade ambiental objetiva e a responsabilidade ambiental sem culpa está em que, na primeira, o réu pode isentar-se desde que demonstre uma excludente, enquanto na segunda a possibilidade não existe.

Mas a isso não se resumem as densificações do princípio da responsabilidade integral. Outra irradiação é a desconsideração da pessoa jurídica causadora do dano, quando seus bens não forem suficientes para cobrir a indenização. Neste caso, poderão ser chamados os bens particulares dos sócios e inclusive dos gerentes e administradores. A desconsideração não exige a prova de má-fé, má administração ou confusão patrimonial. Aplica-se, portanto, a teoria menor do *disregard* (MARQUESI, 2015, p. 25). Seu fundamento, no Brasil, está no art. 4º. da Lei nº 9.605/98, que trata dos crimes ambientais.

De fato:

> A teoria menor da desconsideração, acolhida em nosso ordenamento jurídico excepcionalmente no Direito do Consumidor e no Direito Ambiental, incide com a mera prova de insolvência da pessoa jurídica para o pagamento de suas obrigações, independentemente da existência de desvio de finalidade ou de confusão patrimonial. Para a teoria menor, o risco empresarial normal às atividades econômicas não pode ser suportado pelo terceiro que contratou com a pessoa jurídica, mas pelos sócios e/ou administradores desta, ainda que estes demonstrem conduta administrativa proba, isto é, mesmo que não exista qualquer prova capaz de identificar conduta culposa ou dolosa por parte dos sócios e/ou administradores da pessoa jurídica (STJ, 3ª. Turma, REsp. 279273/SP, Rel. Min. Nancy Andrighi, j. 04.dez.2003);

Ocorrendo o dano ambiental, a indenização deverá ser, tanto quanto possível, *in natura,* fazendo as coisas voltarem a seu estado anterior. Somente se admitirão outras formas de indenização quando impossível o retorno à condição anterior (VIANA: 2004, p. 62). Ademais, o dano ambiental deve ser recomposto em sua inteireza, e não limitadamente, o que confere ao bem ambiental uma proteção maior (AYALA; LEITE: 2011, p. 132).

Tais particularidades de devem à natureza jurídica do bem ambiental, que apresenta caráter difuso, ou seja, indivisível e sem titularidade determinada. Os valores ambientais interessam, portanto, a todos da sociedade, conforme entendem os tribunais pátrios e estrangeiros, como a Corte Suprema Argentina:

> Em um litígio entre duas províncias para o uso e aproveitamento de um rio interprovincial (na espécie as Províncias de La Pampa e

> Mendoza pelo rio Atuel), que implica direitos de incidência coletiva, tais como o ambiente (macro-bem) e a água (micro-bem), a solução a adotar deve atender não apenas às pretensões dos Estados provinciais, mas também aos interesses dos afetados, que são múltiplos e abarcam uma grande região" (Corte Suprema de Justiça da Argentina, Recurso243/201450-LICS1. Rel. Min. Ricardo Luiz Lorenzetti, j. 01.dez.2017, livre trad.).

No continente europeu adota-se idêntica diretriz. A reparação complementar ou compensatória só tem lugar quando impossível a reparação primária, a teor da Diretriz 2004/35/CE:

> A reparação de danos ambientais causados à água, às espécies e habitats naturais protegidos é lançada através da restituição do ambiente ao seu estado inicial por via de reparação primária, complementar e compensatória, sendo reparação «primária», qualquer medida de reparação que restitui os recursos naturais e/ou serviços danifica dos ao estado inicial, ou os aproxima desse estado.

A reparação *in natura* é sempre preferível à indenização em dinheiro, pois o interesse é que o ambiente volva ao estado anterior ao da lesão. Assim, enquanto no direito civil se indeniza em dinheiro (obrigação de dar), no direito ambiental tomam- se providências para restaurar a integridade do bem violado (obrigação de fazer).

Quanto à extensão da responsabilidade, ela apresenta maior amplitude que a responsabilidade civil, pois compreende inclusive os danos morais coletivos e as perdas da qualidade ambiental entre a prática do ato e a recomposição (MIRRA: 2004, p. 315). Assim se tem entendido na jurisprudência brasileira:

> A REPARAÇÃO INTEGRAL DO DANO AMBIENTAL ENVOLVE, ALÉM DAS MEDIDAS PARA SUA RECUPERAÇÃO, A COMPENSAÇÃO PELO PERÍODO EM QUE FORAM DESRESPEITADAS AS NORMAS AMBIENTAIS. PROTEÇÃO DAS ÁREAS DE PRESERVAÇÃO PERMANENTE PARA AS PRESENTES E FUTURAS GERAÇÕES (STJ, 2ª. Turma, REsp. 1768207/SP, Rel. Min. Francisco Falcão, j. 12.mar.2019);

No direito brasileiro chama também a atenção a possibilidade de sanção penal à pessoa jurídica causadora de dano ambiental, consoante expressa previsão constitucional presente no art. 225, § 3º. e art. 3º. da Lei nº 9.605/1998. Todavia, hoje se entende que a pessoa jurídica, embora possa ser sancionada criminalmente por infração ambiental, não pode ser considerada sujeito ativo de crimes. Isso se explica pela teoria da responsabilidade penal social. Dito em outros termos, a pessoa jurídica responderá penalmente ainda que não haja condenação de preposto seu[1].

Por aí se vê a grande importância emprestada a esse princípio.

2. TUTELA JURÍDICA DO AMBIENTE NATURAL

Do que até agora foi exposto, resulta claro que o ambiente natural é apenas um dos ambientes legalmente protegidos. Ao lado dele tem-se, por exemplo, o ambiente artificial, o ambiente cultural, o ambiente paisagístico, o ambiente laboral e tantos quantos o permitam as necessidades humanas.

O ambiente artificial são as cidades e construções feitas pelo homem; o cultural são, por exemplo, as inscrições rupestres pré-históricas encontradas em cavernas; o paisagístico são, por exemplo, as belezas naturais notáveis, como as Cataratas do Iguaçu; o laboral, por fim, é o ambiente de trabalho.

---

1 O art. 225, § 3º, da Constituição Federal não condiciona a responsabilização penal da pessoa jurídica por crimes ambientais à simultânea persecução penalda pessoa física em tese responsável no âmbito da empresa. A norma constitucional não impõe a necessária dupla imputação. **2**. As organizações corporativas complexas da atualidade se caracterizam pela descentralização e distribuição de atribuições e responsabilidades, sendo inerentes, a esta realidade, as dificuldades para imputar o fato ilícito a uma pessoa concreta. **3**.Condicionar a aplicação do art. 225, §3º, da Carta Política a uma concreta imputação também a pessoa física implica indevida restrição da norma constitucional, expressa a intenção do constituinte originário não apenas de ampliar o alcance das sanções penais, mas também de evitar a impunidade pelos crimes ambientais frente às imensas dificuldades de individualização dosresponsáveis internamente às corporações, além de reforçar a tutela jurídica dobem ambiental" (STF, 1ª. Turma, RE 548.181/PR, Rel. Min. Rosa Weber, 06.ago.2013).

2.1. CONCEITO

Cada um dos ambientes tem normas próprias de tutela. Contudo, a esta pesquisa e para os propósitos desta disciplina, interessa mais de perto a proteção ao ambiente natural, que, por conceito doutrinário, abrange a flora, a fauna, as águas, o solo e a atmosfera (SILVA: 1993, p. 14). Capta-se como ambiente natural a dimensão física, química e biológica na qual vive o ser humano. Isso exclui, por exemplo, as cidades, que são o ambiente modificado.

Vale lembrar que a proteção ao ambiente natural encontra no Brasil previsão constitucional, conforme se extrai do art. 225, § 1º. I e IV e § 4º. Em outras Constituições, como a da Equador (2008), o ambiente natural chega a ser sujeito de direito, um ente capaz de exercer e exigir direitos. Claro que se tem aqui uma ficção, mas ela demonstra a essencialidade do ambiente para os processos da vida biológica. Já na Bolívia o ambiente natural é tido como a *Pachamama,* isto é, "a natureza que cria e recria os elementos da vida" (OLIVEIRA; TOLENTINO; 2015, p. 313).

O ambiente natural liga-se de forma perene à atividade agrária, sendo certo que não pode haver cultura de vegetais ou criação de animais que, de uma forma ou outra, acabem interferindo nas várias dimensões do ambiente natural. Examina-se agora a proteção legal que é dispensada a cada uma delas.

2.1.1. FLORA

A primeira das dimensões do ambiente natural é a flora. Ela é conceituada como o conjunto das espécies vegetais que compõe um determinado bioma. A flora é composta pela vegetação, entendida esta como "as formações vegetais de uma localidade, como os cerrados, os campos limpos, os manguezais e demais vegetações litorâneas, as caatingas e, inclusive, as próprias florestas (CARVALHO: 1999, p. 26).

Bioma é a região natural composta por características físico-biológicas próprias e vegetação nativa. Daí falar-se em bioma amazônico (árvores de grande porte, grande presença de felinos etc), ou bioma do semiárido, composto por árvores baixas e retorcidas etc.

Flora é expressão ampla, na qual se incluem as matas, florestas, gramíneas etc. As florestas não se confundem com as matas. No conceito doutrinário, o termo floresta evoca uma formação vegetal de proporções e densidade maiores que a mata (MILARÉ: 2013, p. 547). Não importa qual seja a espécie de flora, a proteção legal sempre existirá. A grama que compõe os campos-gerais do Paraná e Santa Catarina, por exemplo, é uma espécie da flora e, portanto, deve ser preservada. Entram no conceito de flora, igualmente, as restingas, os manguezais e as veredas, por definição do art. 4º. do Código Florestal.

A principal norma de proteção à flora é o Código Florestal, que teve sua vigência iniciada em 2012 pela Lei nº 12.651. Trata-se de lei federal, obrigatória em todos os Estados da Federação, mas isso não significa que outras leis, sejam estaduais sejam municipais, não possam, dentro de sua competência territorial, tratar da flora.

Exemplo é a lei paranaense que, declarando a *Araucaria Angustifolia* árvore símbolo do Estado, proíbe ao particular o corte não autorizado. Hipoteticamente, pode-se aventar a possibilidade de o Município de Florianópolis vedar o plantio de árvores capazes de causar estragos no calçamento que ladeia a via litorânea.

À luz do Código Florestal existem dois conceitos de extrema importância para o ambiente agrário, a saber: (i) áreas de preservação permanente (APP) e (ii) áreas de reserva legal (RL). As primeiras, previstas no art. 4º., são aquelas áreas que, por suas características e função, têm papel preponderante na conservação da biodiversidade. As segundas, previstas no art. 12, são aquelas áreas de cobertura florestal que, ao lado das APP, devem cobrir determinada área mínima do imóvel. Em ambas pode haver interferência do homem, desde que diminuta, como a coleta de produtos naturais (mel, frutas, flores, que se renovam facilmente).

2.1.1.2. MATA CILIAR

Dentre as APP merecem ser mencionadas, por sua importância e função maiores, as faixas que bordejam os cursos d'água, como os rios, riachos, ribeirões, arroios etc. Exige a lei que, em cada um dos lados desses cursos, seja mantida cobertura vegetal com espécies nativas. São árvores e arbustos cujas raízes, por sua morfologia e extensão, impedem o assoreamento, quer dizer, o acúmulo de enxurrada no leito dos rios (BRASIL: 2018, s.p.). A vegetação que ladeia os cursos d'água recebe o nome "mata ciliar", porque, tal como os cílios margeiam e protegem os olhos, ela protege os rios.

A largura da mata ciliar depende da largura do curso d'água que ela ladeia. Têm-se, assim, os parâmetros seguintes, dispostos no art. 4º., I, do Código Florestal:

CURSOS D'ÁGUA

LARGURA DO CURSO D'ÁGUA (METROS)	EXTENSÃO MÍNÍMA MATA CILIAR (METROS)
MENOR QUE 10	30
10 A 50	50
50 A 200	100
200 A 600	200
MAIOR QUE 600	500

LAGOS E LAGOAS NATURAIS

SUPERFÍCIE DO CORPO D'ÁGUA (HECTARES)	ENTORNO MÍNIMO (METROS)
INFERIOR A 20	50
SUPERIOR A 20	100

RESERVATÓRIOS ARTIFICIAIS

SUPERFÍCIE	ENTORNO MÍNIMO
QUALQUER UMA	DEFINIDO NO PROCESSO DE LICENCIAMENTO AMBIENTAL

NASCENTES, MINAS E OLHOS D'ÁGUA

LARGURA OU SUPERFÍCIE	ENTORNO MÍNIMO (METROS)
QUALQUER UMA	50

Facilmente se percebe que a dimensão da mata ciliar é diretamente proporcional à largura do curso d'água. Logo, quanto mais largo o rio, mais larga será a mata ciliar, que, no entanto, não poderá ser inferior a 30 metros em cada margem do rio. Tais áreas devem ser preservadas pelo proprietário e, caso venha ele a interferir-lhes nocivamente, será obrigado a recompô-las, conforme disposto no art. 7º. da Lei nº 12.651/2012.

2.1.1.3. RESERVA LEGAL

Ainda em relação à flora é de ser destacada a Reserva Legal. Como foi dito, trata-se de uma superfície física que cada propriedade deve manter de cobertura vegetal nativa. A cobertura nativa é composta de espécies vegetais peculiares ao bioma em que se localiza o imóvel e nela não podem ser plantadas árvores que pertencem a outro bioma. Por isso não se pode empregar eucaliptos para recompor a reserva legal derrubada.

A Reserva Legal desempenha importante papel no equilíbrio biológico e na preservação da biodiversidade. Não se trata apenas de preservar a vegetação, mas de permitir a conservação de espécies animais, como os pássaros e mamíferos que só se desenvolvem em meio florestal. Além disso, a mata cumpre a função de produção de oxigênio e de equilíbrio da umidade e temperatura da região. São fatos notórios, apreendidos hoje já no ensino fundamental e que, por isso mesmo, dispensam aqui comprovação científica.

A mata nativa tem sua extensão definida de acordo com o bioma onde se situa. A Lei 12.651/2012, no art. 12, define a superfície física em percentuais. Logo, a RL é o percentual de cobertura nativa que cada imóvel deve ter, sem prejuízo da APP. De fato, a superfície ocupada pelas APP não entra no cálculo de RL.

DIMENSÕES DA RESERVA LEGAL

BIOMA	RESERVA LEGAL (PERCENTUAL SOBRE A ÁREA TOTAL DO IMÓVEL RURAL)
AMAZONIA LEGAL	80
CERRADO	35
CAMPOS GERAIS	20
OUTROS BIOMAS	20

Imaginando um imóvel rural localizado em plena selva amazônica, contendo uma superfície física de 1.000 hectares, 800 hectares deverão ser mantidos sob reserva legal. Imaginando um imóvel rural localizado no Norte do Paraná, também com área de 1.000 hectares, 200 hectares deverão ser compostos de flora nativa.

A RL é um exemplo de limitação ao direito de propriedade, do qual se falou no Capítulo 1. É talvez o mais significativo exemplo de como a propriedade e a posse devem ter uma função socioeconômica, no caso, a função ambiental. Com a imposição das obrigações ambientais, o Poder Público deixa claro que o direito do explorador da terra condiciona-se a uma obrigação correlata, que é a de ser o guardião da flora.

Confira-se: "A existência da área de Reserva Legal no âmbito das propriedades rurais caracteriza-se como uma limitação administrativa necessária à tutela do meio ambiente para as presentes e futuras gerações e em harmonia com a função social da propriedade, o que legitima haver restrições aos direitos individuais em benefício dos interesses de toda a coletividade." (STJ, 2ª. Turma, REsp 1.276.114/MG, Rel. Ministro Og Fernandes, j. 11.out.2016).

A obrigação de conservar as matas tem natureza real, ou seja, ela acompanha o imóvel, não o proprietário. Por isso, se o vendedor entrega ao comprador fazenda já desmatada, a obrigação de reflorestamento é do comprador. Não se discute aqui a culpa pelo desmatamento. Basta ser dono para ter o dever de manter a RL.

Importante ressaltar que as áreas em RL não são intocáveis. Permite-se a exploração econômica na forma de manejo sustentável (Lei nº 12.651/2018, art. 17, § 1º.). O manejo sustentável é a prática de coleta seletiva dos produtos das florestas, seja para fins comerciais ou domésticos.

Exemplos: frutos, cipós, sementes e folhas. A prática do manejo, que só pode ocorrer após licenciamento ambiental, não pode pôr em risco as espécies vegetais e animais que vivem na mata e deve, tanto quanto possível, afastar os animais exóticos para permitir a conservação dos animais nativos.

2.1.2. FAUNA

Conceitua-se legalmente a fauna como "os animais de quaisquer espécies, em qualquer fase do seu desenvolvimento e que vivem naturalmente fora do cativeiro". O conceito é recolhido do art. 1º. da Lei nº 5.197/67, conhecida como Lei de Proteção à Fauna. Assim como o conceito de ambiente é falho, também o é o de fauna, sendo certo que a proteção não se dá apenas em favor dos animais nativos, senão também em prol dos animais exóticos, domésticos e de criação, cujos conceitos serão abaixo analisados. Prova disso é a Lei dos Crimes Ambientais (9.605/98), que considera crimes os maus-tratos a qualquer espécie de animal.

A proteção aos animais varia de acordo com sua natureza. Um animal nativo, por exemplo, não pode ser caçado, morto, maltratado ou usado em experimentos, mas um animal de criação pode ser abatido para fins de alimentação. Animais nativos gozam, pois, de proteção integral, enquanto os exóticos têm proteção relativa, podendo ser caçados e abatidos.

O dever de preservação da fauna não é somente do proprietário das terras onde habitam os animais. Todos se obrigam a conservar a fauna, aqui incluídos os possuidores, arrendatários, parceiros, empregados etc. Interferir nocivamente na fauna é crime ambiental severamente punido.

É importante frisar que os animais nativos não são de propriedade particular. A Lei nº 5.197/67 os trata como bens públicos, mas, na verdade, trata-se de bens difusos, cujo conceito foi explicitado no Capítulo 1.

Difusos são os bens que, não pertencendo nem aos particulares nem ao Estado, desempenham papel de interesse da sociedade. No caso dos animais, tem-se que a conservação da biodiversidade é sua principal função. É o exemplo dos jacarés do Pantanal, que são os únicos predadores da piranha, um peixe nocivo, que preda as ovas dos demais peixes. A caça ao jacaré faz com que a população de piranhas aumente, com consequente redução das demais espécies.

Faça-se aqui pequena digressão para afirmar que, ao contrário do que se ouve na mídia, os animais não possuem direitos. Direitos só as pessoas possuem, porque só eles têm personalidade. Isso não quer dizer que os animais não mereçam tratamento digno, pois são seres sencientes, ou seja, entes vivos que têm sensações, como dor, tristeza etc. Logo, dizer terem os animais direitos é uma metáfora para afirmar merecerem eles respeito e cuidado.

A proteção à fauna nativa não impede que, eventualmente, o órgão ambiental autorize seu abate em situações excepcionais, principalmente para evitar a superpopulação. Isso já se viu, por exemplo, no Banhado do Taim, no RS (controle de pássaros) e em algumas cidades do Amazonas (controle de jacarés).

2.1.3. ESPÉCIES DE FAUNA

Conhece a lei brasileira quatro diferentes modalidades de fauna: (i) nativa, (ii) exótica, (iii) doméstica e de (iv) criação. A primeira é composta por animais dos biomas brasileiros e merece, por isso, total proteção: Exemplos: Onça-pintada, arara-azul, tucano, tamanduá, tucunaré e lobo-guará. A segunda é composta por animais que vivem no Brasil, mas que são típicos de biomas estrangeiros. Exemplos: Avestruz, andorinha e tilápia. A terceira compõe-se dos animais que vivem em nossos lares, como objeto de afeição. Exemplos: cães e gatos. Na última se compreendem os animais destinados a abate para fins comerciais ou não. Exemplos: suínos, caprinos, bovinos e peixes.

Cada uma dessas modalidades de fauna goza de proteção diferenciada, como adiante se vê:

EXTENSÃO DE PROTEÇÃO À FAUNA

FAUNA	**PROIBIÇÃO**
NATIVA	CAÇA, ABATE, CRUELDADE, MAUS-TRATOS E EXPERIMENTOS CIENTÍFICOS
EXÓTICA	CRUELDADE, MAUS-TRATOS E EXPERIMENTOS CIENTÍFICOS
DOMÉSTICA	CAÇA, ABATE, CRUELDADE, MAUS-TRATOS E EXPERIMENTOS CIENTÍFICOS
DE CRIAÇÃO	CRUELDADE, MAUS-TRATOS E EXPERIMENTOS CIENTÍFICOS

É importante ainda destacar que determinadas manifestações culturais, que provoquem maus-tratos nos animais, têm sido repelidas pelo Supremo Tribunal Federal. É o caso da vaquejada, prática comum no Nordeste e na qual os vaqueiros montados a cavalo têm de derrubar um boi e puxá-lo amarrado pelo rabo por grande extensão. Confira-se:

> VAQUEJADA - MANIFESTAÇÃO CULTURAL - ANIMAIS - CRUELDADE MANIFESTA - PRESERVAÇÃO DA FAUNA E DA FLORA - INCONSTITUCIONALIDADE. A obrigação de o Estado garantir a todos o pleno exercício de direitos culturais, incentivando a valorização e a difusão das manifestações, não prescinde da observância do disposto no inciso VII do artigo 225 da Carta Federal, o qual veda prática que acabe por submeter os animais à crueldade. Discrepa da norma constitucional a denominada vaquejada (STF, Tribunal Pleno, ADI 4983/CE, Rel. Min. Marco Aurélio, j. 06.out.2016).

A "farra do boi", levada a efeito em Santa Catarina, assim como as "brigas de galo", praticadas em todo o País, também foram declaradas inconstitucionais pelo STF respectivamente em 1997 e 2011.

Com estas palavras encerra-se o estudo da proteção jurídica da fauna.

2.1.4. SOLO

No Direito Ambiental, a principal questão relativa ao solo repousa no uso dos agrotóxicos. Podem estes ser legalmente conceituados como "os produtos e os agentes de processos físicos, químicos ou biológicos, destinados ao uso nos setores de produção, no armazenamento e beneficiamento de produtos agrícolas, nas pastagens, na proteção de florestas, nativas ou implantadas, e de outros ecossistemas e também de ambientes urbanos, hídricos e industriais, cuja finalidade seja alterar a composição da flora ou da fauna, a fim de preservá-las da ação danosa de seres vivos considerados nocivos".

O conceito está na Lei nº 7.802/89, que regula a pesquisa, experimentação, produção, comércio, armazenamento, uso e descarte dos agrotóxicos. É, por isso mesmo, chamada "Lei dos Agrotóxicos". O problema dos agrotóxicos, notoriamente conhecido, é o de seus malefícios ao ambiente natural. Contudo, hoje pouco ou quase nada se produz senão com o emprego dessas substâncias. Tem-se, de um lado, a preservação do ambiente e, de outro, a segurança alimentar.

O que objetiva a lei acima referida é um ponto de equilíbrio, permitindo o uso dos agrotóxicos e, ao mesmo tempo, assegurando a integridade ambiental. É nesse sentido que estão organizados seus artigos, cuja análise, para os efeitos desta obra, não é necessário.

Uma questão, porém, merece ser considerada. Discute-se se os municípios têm poder legal para proibir o uso de agrotóxicos em seu território. É que o art. 3º. daquela lei atribui à União a competência para registrar o agrotóxico. Então, a competência para proibir seu uso é dela. Assim, feito o registro, o produto pode ser usado em todo o território nacional.

Contudo, o art. 30, I, da Constituição Federal estabelece ser do município o poder para legislar sobre assuntos de interesse local e, diante disso, se a municipalidade entender que o agrotóxico lhe é nocivo, pode proibi-lo.

A questão foi levada aos tribunais relativamente a um produto químico denominado 2-4-D, conhecido como *Round up*. Embora registrado pelos órgãos da União, alguns municípios proibiram seu uso. No STJ prevaleceu a tese de que o município não pode proibir a aplicação de agrotóxico se este teve sua fabricação licenciada pela União.

> Ao Município não cabe legislar sobre a matéria de meio ambiente já disciplinada em lei federal. Nesta área a competência legislativa do Município é suplementar, não podendo invadir a esfera de competência da União e dos Estados, consoante estabelece o artigo 24, inciso IV da Constituição Federal. Uma vez autorizada pela União a produção e deferido o registro do produto, perante o Ministério competente, é defeso aos Municípios vedar, nos respectivos territórios, o uso e o armazenamento de substância agrotóxicas, extrapolando o poder de suplementar, em desobediência à lei federal (TJPR, 3ª. Câmara Cível, Ac. 115156199-3, Relatora Desembargadora Regina Afonso Portes, j. 22.abr.2005).

Sem embargo, pede-se reconhecer ao município competência para disciplinar a aplicação do agrotóxico, vedando, por exemplo, sua aplicação em dias de vento.

2.1.5. ATMOSFERA

A atmosfera, como se sabe, é a camada de gases que circunda o Planeta e que nele são retidos por força da gravidade. Sua parte mais baixa é a troposfera, ou seja, a camada onde vive o homem e que pode ser fonte de poluição danosa à qualidade de vida. A troposfera tem altura que varia de 12 a 17 quilômetros e é nela que se encontra o ar destinado à manutenção da vida na Terra. Dada sua natureza essencial, ela é objeto de intensa preocupação entre os cientistas.

Três são as formas comuns de poluição atmosférica: (i) o *smog*, (ii) o *greenhouse* e (iii) as chuvas ácidas (FIORILLO: 2017, p. 336).

O primeiro deles, que pode ser traduzido como "neblina suja", ocorre por acúmulo de gases tóxicos em regiões de grande concentração populacional e baixos índices de chuva, o que gera problemas respiratórios especialmente nos jovens e idosos (BRASIL: 2018, s.p.). O segundo, que pode ser traduzido como "estufa", é a concentração de calor na atmosfera e consequente aquecimento, que hoje se vê global e de grande ameaça à higidez do Planeta (BRASIL: 2018, s.p.). O último são as precipitações pluviométricas carregadas de enxofre, capazes de contaminar e esterilizar o solo onde caem (PEDROLO: 2014. s.p.).

Relativamente aos problemas ambientais atmosféricos e oriundos das atividades agrárias, mencionam-se as queimadas. Elas ocorrem com frequência no Território Nacional, principalmente nas florestas e campos. Tal prática é vedada pela Lei nº 9.605/98, cujo art. 38 impõe ao autor pena de até 3 anos de prisão.

Contudo, problema igualmente frequente repousa nas queimadas de canaviais, costume praticado em algumas regiões. É uma ação nociva ao ambiente atmosférico, porque contribuem para o acúmulo de calor e de micro substâncias prejudiciais à saúde (SILVA: 2009, p. 2).

Há um dispositivo legal na Lei nº 12.651/2012, com o seguinte teor: art. 27: "se as peculiaridades locais ou regionais justificarem o emprego de fogo em práticas agropastoris ou florestais, a permissão será estabelecida em ato do Poder Público, circunscrevendo as áreas e estabelecendo normas de precaução". Com isso, entenderam os produtores de álcool e açúcar estarem abertas as portas das queimadas.

Mas não é o que acontece. Dado o inegável malefício causado pelas queimadas em culturas canavieiras, alguns Estados a proibiram, enquanto outros fixaram prazos limite para a prática. O Estado de São Paulo, onde estão 80 por cento dos canaviais do Brasil, vedou definitivamente as queimadas desde 2009. No Paraná o Projeto de Lei nº 182/2008 propõe a abolição dessa técnica agrícola. No Estado de Goiás a queimada de palha de cana é permitida somente nas propriedades com área não superior a 150 hectares.

2.1.6. RECURSOS HÍDRICOS

Abordam-se agora os recursos hídricos, examinando seu conceito, os regimes legais, a política de gestão e os aspectos das águas na vizinhança.

2.1.6.1. CONCEITO

"Recursos hídricos" são uma expressão empregada pela Lei nº 9.433/97 (Lei dos Recursos Hídricos) em substituição ao termo "águas", presente no velho Decreto 24.643/34 (Código de Águas). Além daquelas duas leis encontram-se os recursos hídricos disciplinados nos art. 1.288 e seguintes do Código Civil. Assim, há no Brasil três diferentes regimes legais sobre as águas, assim dispostos:

REGIME LEGAL DAS ÁGUAS

LEI	OBJETO
CÓDIGO DE ÁGUAS (DECRETO 24.643/34). ABREVIAÇÃO "CA"	DISPÕE SOBRE A PROPRIEDADE DOS RIOS, DIVIDINDO-S EM PÚBLICOS E PARTICULARES. LEO-INFORMAÇÃO: OS RIOS NAVEGÁVEIS SÃO DO ESTADO; OS DEMAIS SÃO DOS PARTICULARES
LEI DOS RECURSOS HÍDRICOS (LEI Nº 9.433/97). ABREVIAÇÃO "LRH"	DISPÕE SOBRE O USO DAS ÁGUAS E AS TRATA COMO UM BEM DIFUSO. LEO-INFORMAÇÃO: AS ÁGUAS PODEM PERTENCER AOS PARTICULARES, MAS O ESTADO É SEU GESTOR
CÓDIGO CIVIL (LEI Nº 10.406/2001). ABREVIAÇÃO "CC"	DISPÕE SOBRE AS ÁGUAS NA VIZINHANÇA. USO DE RIO PARA LIMPEZA DE GRANJAS E POCILGAS É PRÁTICA PROIBIDA

2.1.6.2. POLÍTICA DE GESTÃO

Interessam a esta pesquisa as disposições da Lei nº 9.433/97 e algumas das disposições do Código Civil no que toca à poluição das águas. A LRH é uma criação brasileira muito bem vista em outros países, especialmente no Chile, em que as águas são um recurso muito escasso e sem qualquer regulamentação legal. No Brasil, a política do uso das águas parte das premissas seguintes:

(A) a água é um bem difuso;

(B) a água é um recurso limitado;

(C) a água tem um valor econômico;

(D) a água deve ser de uso prioritário dos seres humanos e animais;

(E) as águas devem ser usadas para múltiplos propósitos;

(F) a gestão dos recursos hídricos deve ser descentralizada;

(G) a bacia hidrográfica é a unidade onde se aplica a política de recursos hídricos.

Disso se extraem importantes conclusões. A primeira delas é a de que a água tem um valor tanto ambiental quanto econômico. Pode ser usada para as necessidades básicas da vida e para fins comerciais. Por isso se permite sua exploração por via de mineração. A segunda conclusão é a de que a água é escassa, no sentido de que sua potabilidade pode ser comprometida. E, de fato, de nada servem milhões de metros cúbicos de água armazenados no subsolo se ela está poluída.

Outras conclusões podem ser ainda colhidas. A gestão das águas é descentralizada, o que significa que todos os entes da Federação têm o dever de conduzir a política ambiental. Por isso que o fornecimento de água potável à população tem sido feito pelos Estados e pelos Municípios. E é por isso que cada Estado organiza comitês de gestão, compostos por pessoas da população, para discutir a gestão das águas.

As premissas postas pela LRH determinam os objetivos para os quais converge a Política de Recursos Hídricos. São objetivos desta:

(A) assegurar a qualidade da água às gerações atual e futuras;

(B) utilizar adequadamente os recursos hídricos;

(C) evitar a poluição e a escassez;

(D) estimular o uso das águas pluviais. Águas pluviais são as águas da chuva, enquanto fluviais são as águas dos rios. Estimula-se o uso das primeiras porque seu custo é baixo e porque podem ser usadas para os mais variados fins, como a irrigação de jardins e limpeza de quintais).

Para atingir tais objetivos, usam-se dos seguintes instrumentos:

A) planos de recursos hídricos (projetos e estudos feitos por especialistas e que nortearão as ações a serem tomadas na política das águas, o que leva em conta, por exemplo, o aumento da população, o regime pluviométrico dos anos vindouros, o crescimento das indústrias etc);

B) classificação dos corpos d'água (isso determina diferentes políticas para cada uma das espécies de água. Exemplo: o cuidado do gestor com as águas subterrâneas é muito maior do que com as águas da chuva);

C) outorga e cobrança pelo direito de uso das águas (isso significa que a exploração de água mineral depende de autorização do Estado, a quem o particular pagará remuneração);

D) compensação aos municípios (o que quer dizer que os recursos arrecadados aos particulares pela outorga devem ser revertidos em parte à municipalidade) e

E) criação de um sistema de informação sobre os recursos hídricos Exemplo: satélites posicionados em órbita da terra e destinados a monitorar níveis dos reservatórios, previsão do tempo etc.).

Tem-se assim:

PREMISSAS	POR QUE FAZER?
OBJETIVOS	O QUE FAZER?
INSTRUMENTOS	COMO FAZER?

Vistos os principais aspectos da LRH, passa-se agora a examinar o tratamento das águas no Código Civil.

2.1.6.3. ÁGUAS NA VIZINHANÇA

O tema é disciplinado a partir do art. 1.288 do Código Civil e, no que toca ao regime legal das águas na vizinhança rural, há um regime também para a vizinhança urbana. Acerca das águas na vizinhança, é certo que são águas particulares e que devem ser resolvidas à luz do Código Civil.

Chama atenção aqui o art. 1.291 do Código Civil, graças ao qual "O possuidor do imóvel superior não poderá poluir as águas indispensáveis às primeiras necessidades da vida dos possuidores dos imóveis inferiores; as demais, que poluir, deverá recuperar, ressarcindo os danos que estes sofrerem, se não for possível a recuperação ou o desvio do curso artificial das águas".

A leitura passa a seguinte impressão: (i) o dispositivo trata de duas espécies de água, as que são necessárias às necessidades básicas e as que não são; (ii) as primeiras não podem ser poluídas, as segundas poderão sê-lo, desde que impossível recuperá-las ou desviá-las e desde que o possuidor indenize os prejudicados.

A redação do art. 1.291, concebida em meados dos anos setenta, quando preocupações de ordem ambiental não eram prioritárias ao legislador, pode levar ao entendimento de que somente as águas indispensáveis aos imóveis não podem ser contaminadas. Na verdade, tal conclusão não se sustenta diante do art. 225 do Texto Constitucional e do art. 2º. da Lei nº 9.433/97. Qualquer que seja a natureza das águas, públicas ou privadas, residuais ou não, indispensáveis ou não, sua higidez deverá ser preservada.

Daí o Enunciado das Jornadas da Justiça Federal 244: "o art. 1;291 do Código Civil deve ser interpretado conforme a CF, não sendo facultada a poluição das águas, quer sejam essenciais ou não às primeiras necessidades da vida".

Não se tolera, portanto, qualquer poluição em qualquer espécie de água.

3. LICENCIAMENTO AMBIENTAL

Vai-se agora ingressar na última parte deste Capítulo, que se debruça sobre o processo administrativo destinado à obtenção de licença para interferir no ambiente. O licenciamento ambiental, conforme já acenado, é um instrumento destinado a concretizar o princípio da prevenção/precaução, impedindo a ocorrência de danos aos vários tipos de ambiente.

O item que ora se inicia oferece um conceito de licenciamento, sua natureza jurídica, fases e efeitos na hipótese de dano.

3.1. CONCEITO E NATUREZA

Licenciamento ambiental é o processo administrativo, conduzido perante órgão competente, que tem por objetivo a obtenção de licença para interferir em determinado ambiente. Não se pode confundir licenciamento com licença, portanto. O primeiro é um conjunto encadeado de atos administrativos, dos quais a licença é apenas um ato. A licença, se concedida, assinala o fim do processo administrativo.

Já se conceituou o licenciamento como "o procedimento administrativo que tramita perante um órgão público ambiental. É, em outras palavras, uma sucessão de atos concatenados com o objeto de alcançar uma decisão final externada pela licença ambiental" (SIRVINSKAS: 2011, p. 177)

O licenciamento ambiental tem a natureza jurídica de ato administrativo. Ato administrativo é toda manifestação de vontade do Poder Público capaz de criar, extinguir ou modificar direitos dos particulares. Como exemplos podem ser mencionados a publicação de edital de concurso público, a designação de data para eleições, a abertura de processo disciplinar e o próprio licenciamento ambiental.

No processo de licenciamento ambiental o Estado pratica atos de vontade, autorizando, negando, exigindo e sugerindo providências da pessoa ou empresa interessada. Um exemplo é o processo para o produtor rural captar água de rio, ou o processo para a abertura de granja de frangos.

3.2. COMPETÊNCIA

Se o licenciamento ambiental é conduzido perante órgão ambiental, pergunta-se qual o órgão competente. Na maioria das vezes a competência deriva da lei e, quando isso acontece, não se tem problema algum. Assim, na Lei de Agrotóxicos já examinada viu-se que a competência para o registro é da União. Daí decorre que a competência para licenciar a fabricação do produto é do IBAMA (Instituto Nacional do Meio Ambiente e dos Recursos Naturais Renováveis), uma autarquia criada em 1989 e que trata do ambiente em nível nacional.

Mas existem hipóteses em que a lei não prevê regras de competência. Isso ocorre porque o Direito não consegue alcançar todas as situações que se passam no tecido social. Surgem então lacunas e o critério para preenchê-las oferece alguma dificuldade. Na realidade, na ausência de regra legal dispondo sobre competência, costuma-se usar o grau de extensão do eventual dano ambiental como parâmetro para fixar competência.

Dito em outros termos, se a interferência ambiental para a qual se pede a licença puder causar um dano restrito ao município onde se instala o empreendimento, a competência será do órgão ambiental municipal, ou seja, a Secretaria Municipal de Meio Ambiente, geralmente conhecida como SEMA. Exemplo: Licença para a instalação de uma instituição de ensino, licença para a instalação de um shopping center ou para a construção de um edifício.

Todavia, se o empreendimento puder causar um dano que se estende para mais de um município, então a competência será atribuída ao órgão ambiental de cada Estado. Exemplo: instalação de uma fábrica de baterias para carros. No Estado de Santa Catarina tem-se o IMA (Instituto do Meio Ambiente); no Paraná o IAT (Instituto Água e Terra) e em São Paulo a CETESB (Companhia Ambiental do Estado de São Paulo).

Por fim, se a intervenção no ambiente puder causar impacto em mais de um Estado da Federação tem-se que a competência será do referido IBAMA. Exemplo: construção de hidrelétrica no Rio Uruguai; transposição do Rio São Francisco; instalação de central nuclear.

Apesar disso, em matéria de poder de polícia ambiental, já se decidiu que "a competência material para o trato das questões ambientais é comum a todos os entes. Diante de uma infração ambiental, os agentes de fiscalização ambiental federal, estadual ou municipal terão o dever de agir imediatamente, obstando a perpetuação da infração" (STJ, 2ª. Turma, AgRg no REsp 1.417.023/PR, Rel. Ministro Humberto Martins, j. 25.ago.2015).

3.3. HIPÓTESES

Vai-se agora examinar quais as hipóteses em que se exige o licenciamento ambiental. A questão é regulamentada pela Resolução 237/97 do CONAMA (Conselho Nacional do Meio Ambiente). A lista das atividades sujeitas a licenciamento pode ser consultada no site do Ministério do Meio Ambiente e Mudança do Clima (http://www.mma.gov.br/estruturas/sqa_pnla/_arquivos/cart_sebrae.pdf), mas é interessante registrar que somente se sujeitam a licenciamento as atividades capazes de provocar impacto ambiental, ou seja, capazes de alterar o ambiente.

Algumas atividades sujeitas a licenciamento são, por exemplo, a pesquisa mineral, a indústria metalúrgica, a fabricação de produtos derivados de petróleo, os parques temáticos de lazer, os projetos agrícolas, a criação de animais e os projetos de assentamento/colonização.

Facilmente se percebe que os exemplos aqui mencionados são capazes de interferir no ambiente e provocar-lhe algum dano. Isso não acontecerá, por exemplo, na instalação de um armarinho de roupas, cuja interferência no ambiente é nenhuma. Faz sentido, portanto, que o licenciamento não seja exigido para as atividades que não têm o potencial de agredir o meio em que estão.

3.4. FASES

O processo de licenciamento ambiental passa por três distintas fases, todas elas previstas na Resolução CONAMA 237/97. A primeira é a fase de licença prévia; a segunda é a da licença de instalação e a terceira é a licença de operação. São fases que sucedem, lógica e cronologicamente, uma à outra, mas, em determinados casos, é possível, por exemplo, que a licença prévia e a de instalação sejam concedidas simultaneamente.

3.4.1. FASE DE LICENÇA PRÉVIA

É a primeira das fases. Nela o empreendedor não obtém a permissão para instalar e produzir. Concedida no início do empreendimento, seu objeto é o de apurar a viabilidade ambiental do projeto no que toca a sua localização e concepção. É nesta fase que o Poder Público formula as exigências ambientais que entende cabíveis, como, por exemplo, a necessidade de EIA/RIMA (Estudo de Impacto Ambiental/Relatório de Impacto ao Meio Ambiente), do qual se falará adiante.

A licença prévia é uma licença preliminar, porque obtida antes que se inicie a intervenção no ambiente. Seu prazo máximo, a ser conferido pela autoridade ambiental, é de 5 anos. Assim, se as exigências não forem cumpridas nesse termo, novo prazo poderá ser estendido.

3.4.2. FASE DE LICENÇA DE INSTALAÇÃO

É a segunda das fases. Seu objeto é autorizar a instalação do empreendimento, desde que cumpridas as exigências formuladas na fase anterior. A autorização permite, por exemplo, a construção das instalações que abrigarão o aviário ou a fábrica de agrotóxicos, mas não permite que, no primeiro exemplo, sejam os frangos criados nem que, no segundo exemplo, sejam os defensivos produzidos. Se o caso é o de um shopping center, permite-se a construção do prédio, mas não o ingresso de consumidores.

A licença de instalação é também uma licença preliminar, pois ocorre antes de o empreendimento ser instalado. Seu prazo máximo, a ser conferido pela autoridade ambiental, é de 6 anos. Se a instalação não chegar a termo nesse prazo, poderá ele ser renovado.

3.4.3. FASE DA LICENÇA DE OPERAÇÃO

É a terceira e última das fases e seu objeto é o de autorizar o funcionamento do empreendimento, atendidas as providências e formalidades exigidas pelo órgão ambiental nas fases anteriores. Nos exemplos acima mencionados, a licença de operação permitirá a alocação dos frangos na granja, a produção e comércio dos agrotóxicos e o ingresso dos consumidores no shopping. No caso de um condomínio fechado, a licença de operação permite que os lotes sejam vendidos e habitados.

Ao contrário das anteriores, essa licença não é preliminar, porque é concedida ao final, quando todas as exigências foram cumpridas. Seu prazo mínimo de validade é de 4 anos, sendo 10 anos o máximo. Atingido o prazo final, poderá a licença ser renovada.

3.5. ESTUDO DE IMPACTO AMBIENTAL / RELATÓRIO DE IMPACTO AO MEIO AMBIENTE (EIA/RIMA)

Assim como o processo de licenciamento ambiental é uma ferramenta destinada a concretizar os princípios da prevenção/precaução, o EIA/RIMA tem o mesmo papel. Apesar de juntos numa mesma sigla, são instrumentos diferentes, embora estejam necessariamente juntos. O EIA é um estudo científico, elaborado por equipe especializada, enquanto o RIMA é o documento escrito que se formula a partir do estudo (MACHADO: 2012, p. 276).

Seu propósito é o de antever possíveis danos ao ambiente e, a partir daí, impedir a realização do empreendimento ou então sugerir providências para evitar ou atenuar os danos. "Qualificar e se possível quantificar antecipadamente o impacto ambiental é o papel reservado ao EIA, como suporte para um adequado planejamento de obras ou atividades que interferem no ambiente" (MILARÉ: 2013, p. 747).

Exemplo: num EIA/RIMA feito para uma usina hidrelétrica, pode-se sugerir que a altura da barragem seja diminuída de alguns metros, com o propósito de preservar comunidades ribeirinhas a montante, que, doutro modo, seriam cobertas pela água.

O EIA/RIMA pode ser exigido pelo órgão ambiental em qualquer uma das fases do licenciamento, mas é frequente sua exigência já na licença prévia. É ele um dos atos do licenciamento, um estudo de natureza prospectiva (olha para o futuro), destinado a conservar a integridade do ambiente.

Conforme o art. 225, § 1º., IV, o EIA/RIMA é necessário sempre que o empreendimento puder causar "significativo impacto ambiental". Dúvida há sobre o que pode ser "significativo", vez que a lei não apresenta qualquer conceito a respeito. Em determinadas iniciativas, a possibilidade de significativo impacto é óbvia, como na instalação de uma central nuclear.

Algumas das hipóteses em que se exige EIA/RIMA estão na Resolução CONAMA 01/86, que apresenta um rol não taxativo. Logo, pode ser que determinado projeto possa trazer significativo impacto e não estar ele mencionado na Resolução. Caberá aos órgãos ambientais, portanto, aferir da necessidade ou não daquele instrumento.

Vejam-se algumas hipóteses previstas naquela Resolução: estradas de rodagem, ferrovias, aeroportos, hidrelétricas, extração de recursos hídricos e destilarias de álcool.

O EIA, por orientação constante na mesma Resolução CONAMA 01/86, deve ser inteiramente conduzido e pago pelo particular. É este quem contrata e remunera a equipe que fará tanto o estudo como o relatório. O órgão ambiental atua como ente consultivo, formulando exigências ou sugestões e, depois que o RIMA lhe é apresentado, decide se confere ou não a licença.

Como é possível deduzir do presente texto, o EIA visa a examinar a viabilidade ambiental de determinado empreendimento. Por isso, pode ele apresentar dois resultados: (i) ou atesta que a iniciativa não trará impactos, caso em que é ele chamado EIA/RIMA favorável; (ii) ou certifica que a intervenção causará impactos, caso em que é ele chamado EIA/RIMA desfavorável.

De posse do EIA/RIMA e ao final do processo de licenciamento, o órgão ambiental decidirá pela concessão ou não da licença. Mas aqui é de observar o seguinte: se o RIMA é favorável, ao Estado não restará opção senão licenciar. Dito em outros termos, a concessão da licença é obrigatória diante de atestado favorável. Mas, caso seja ele desfavorável, a concessão da licença é facultativa, o que significa dizer que o EIA/RIMA desfavorável não impede ao órgão ambiental licenciar.

Com efeito, se o poder público constata que o EIA/RIMA é desfavorável, ainda assim poderá ele, ponderando o dado ambiental com o dano econômico, licenciar. Foi o que ocorreu no processo de licenciamento da transposição do Rio São Francisco. O EIA atestara que o empreendimento traria dano ambiental pela diminuição do fluxo das águas no leito natural, com consequente dano à população de peixes e prejuízo aos pescadores. Mesmo assim, a licença foi concedida, pois se considerou que as vantagens superavam as desvantagens.

Outra hipótese em que o Estado responde pelo dano ambiental ocorre quando o órgão ambiental dispensa o EIA/RIMA no licenciamento ambiental (SIRVINSKAS: 2011, p. 276). A responsabilidade deriva, assim, de omissão.

Diante disso, ocorrendo um dano ambiental, a responsabilidade pela reparação do dano assim se distribuirá (FIORILLO: 2017, p. 208):

HIPÓTESE	**RESPONSÁVEIS**
EIA/RIMA FAVORÁVEL E ESTADO LICENCIA	APENAS O EMPREENDENDOR (ESTADO ERA OBRIGADO A LICENCIAR)
EIA/RIMA DESFAVORÁVEL E ESTADO LICENCIA	EMPREENDEDOR (POLUIDOR PAGADOR) E ESTADO (ASSUNÇÃO DOS RISCOS)
EIA/RIMA DESFAVORÁVEL E ESTADO NÃO LICENCIA	APENAS O EMPREENDEDOR (ATIVIDADE É CLANDESTINA)
ESTADO NÃO EXIGE EIA/RIMA	EMPREENDEDOR (POLUIDOR PAGADOR) E ESTADO (OMISSÃO)

Como se vê, o particular empreendedor, que interfere no ambiente e provoca um dano, sempre será obrigado à respectiva reparação, tendo em vista a incidência do princípio da responsabilidade integral.

Já o Estado responderá seja (i) por ter assumido os riscos do dano seja (ii) por ter agido omissivamente, tendo dispensado o EIA/RIMA quando ele era necessário.

Encerra-se assim o estudo do ambiente natural. Foi visto que os bens ambientes têm valor difuso, prestando-se não só ao proprietário ou possuidor da terra, mas também a todos da sociedade, como as águas de um rio que passam por uma fazenda e vão depois ser captadas para abastecimento da cidade. O estudo mostrou a íntima relação entre a qualidade ambiental e as técnicas agropecuárias empregadas, como as queimadas, o uso de agrotóxicos etc.

CAPÍTULO 3

CONTRATOS AGRÁRIOS

INTRODUÇÃO

O texto que ora se inicia trata dos contratos celebráveis no ambiente rural, previstos ou não no Direito. Versa ele sobre os negócios celebrados entre o proprietário e aquele que exercerá a exploração da terra. É um dos principais, senão o principal tema a ser estudado neste Curso. O capítulo anterior tratou de oferecer uma visão panorâmica das figuras do Direito Agrário. O atual se debruça sobre os efeitos que a exploração da terra, por via das relações proprietário/possuidor, geram para ambos. Os contratos agrários, ao lado dos títulos de crédito do agronegócio, compõem o que hoje se chama Agronegócio.

1. GENERALIDADES SOBRE OS CONTRATOS

Antes de iniciar a abordagem sobre os contratos agrários, é de boa técnica antes examinar as questões básicas que envolvem o direito contratual, sem as quais não se faz um bom estudo dos negócios jurídicos agrários. Por isso, e sempre sob a luz da agrariedade, esta primeira parte será dividida em três tópicos, primeiro aportando um conceito e tratando da natureza jurídica dos contratos; segundo, estudando os princípios que o governam e, por último, apresentando sua classificação. Essa postura mais se justifica por terem tais contratos uma natureza social e peculiaridades próprias.

1.1. CONCEITO E NATUREZA JURÍDICA

Um ponto de fundamental importância, embora não o pareça, repousa no uso da palavra "contrato". Contrato é manifestação de vontade aceita; é conjunção de vontades; algo que se passa em nível mental e que é expresso em palavras ou escritos. O contrato nem sempre exige forma escrita e, na verdade, isso só é necessário quando a lei o exigir (Código Civil, art. 107). Logo, não é correto empregar a palavra "contrato" para designar a base física em que ele é expresso.

Não se deve confundir o contrato (que é a conjunção das vontades) com o seu instrumento (que é a escritura do contrato). Uma folha de papel não é um contrato, mas a revelação de sua existência, isto é, seu instrumento. Às vezes a forma é exigida, como nos contratos de venda e compra e nos de doação de coisas de grande valor. Aí se redige o instrumento contratual. Na maioria das vezes, porém, nada precisa ser escrito, como no contrato de trabalho e o de venda e compra de móveis.

Pode o contrato, diante disso, ser conceituado como o negócio jurídico em virtude do qual as partes conjugam suas vontades e determinam seus efeitos jurídicos. É uma proposta formulada por um sujeito e aceita pelo outro, daí nascendo consequências de direito, seja para criar, modificar ou extinguir direitos.

Mas a isso não se resume o contrato. Desde Clóvis do Couto e Silva (2017, p. 112), em obra escrita nos anos 1960, os juristas brasileiros veem as obrigações e o contrato como um processo, no sentido de que ambos constituem uma série encadeada de atos que compreendem desde as tratativas iniciais até as obrigações pós-contratuais, como a proibição de concorrência, o sigilo de informações etc.

Mais: o contrato não "acorrenta" os contratantes, como antes se dizia. O que existe é uma relação de cooperação entre eles, a fim de que se possa extrair as maiores e melhores consequências possíveis, quer antes, durante ou depois da contratação. Aqui desempenham importante papel os princípios, sobre os quais se falará detidamente no item 2.

O contrato é um mecanismo criado para a satisfação de interesses pessoais, uma técnica criada para o atingimento dos vários bens da vida. Por isso seu fundamento é a liberdade, quer dizer, o poder para buscar o que é melhor para cada um. Errava a antiga redação do art. 421 do Código Civil ao estabelecer a função socioeconômica como fundamento ou razão do contrato. Claro deva ter ele tal função, mas a razão por que se contrata não é a função, mas a liberdade.

Contrato é negócio jurídico, não ato jurídico. Na sistemática hodierna, tais figuras não se confundem. Ambas são manifestações de vontade geradores de efeitos jurídicos, mas, enquanto o primeiro tem seus efeitos determinados pelas próprias partes, o segundo tem a lei como geradora de efeitos. Por isso se diz que o contrato é uma autorregulamentação de interesses (VILLAÇA AZEVEDO: 2009, p. 12).

No contrato, as partes têm liberdade para negociar, estabelecendo elas próprias as consequências, como o preço, as condições de pagamento, o local da entrega etc.

Com efeito, se alguém escolhe determinada cidade como seu domicílio, a lei impõe os efeitos, dizendo que ali será o foro competente para figurar como réu num processo, votar e ser votado. Isso é ato jurídico. Mas se alguém celebra com outro um arrendamento rural (Lei nº 4.504/64, art. 95 e ss.), fixando preço, prazos e condições, tem-se negócio jurídico. A lei não impõe efeitos no negócio, apenas as partes é que o fazem.

O contrato é negócio jurídico bilateral, sempre e necessariamente, pois exige a intervenção de duas vontades (dois sujeitos) ao menos. Contrato e casamento são bilaterais, porque exigem essa conjunção de vontades. Não assim o testamento, que, por ser válido com a simples manifestação do testador, é negócio jurídico unilateral.

Vale isso a dizer que o contrato é negócio jurídico bilateral porque exige a participação de duas ou mais pessoas, como no contrato e no casamento, enquanto negócio jurídico unilateral é aquele que exige uma só pessoa, como no testamento.

Diante disso, não existe a possibilidade de se fazer contrato consigo próprio.

1.2. PRINCIPIOLOGIA

A questão dos princípios é, sem dúvida, a parte do direito contratual que mais atenção vem recebendo da doutrina e jurisprudência nacionais. Isso é particularmente verdadeiro a partir da Constituição de 1988 e das subsequentes edições do Código do Consumidor em 1990 e do Código Civil em 2002, em que ganharam inédito destaque a boa-fé objetiva e a função socioeconômica do contrato, abaixo explicados. Não se furtam os contratos agrários a qualquer dos princípios contratuais, sendo certo que, como abaixo será visto, neles a liberdade contratual é um tanto limitada.

1.2.1. AUTONOMIA PRIVADA

É este um princípio de primeira geração, explorado na Revolução de 1789 e consolidado no Código Napoleão de 1804. Diz-se de primeira geração por ser, segundo a classificação de Norberto Bobbio (2004, p. 32), um direito que a pessoa exerce contra a outra pessoa[1].

Expressa ele um ideal de liberdade, ou seja, a ideia de que os homens, nascidos livres, têm suficiente poder e discernimento para buscar o que melhor lhes favoreça. Vale isso a dizer que qualquer pessoa é livre para negociar o que quiser, onde quiser, quando quiser e com quem quiser. De fato, se alguém tem uma propriedade rural que vale 10 milhões de reais, ninguém o impedirá de vendê-la a 3 milhões de reais.

A consolidação desse princípio tem uma razão histórica. Antes da Revolução, a intervenção do Estado nos meios de produção fazia com que apenas as classes mais abastadas, isto é, Clero e Nobreza, desfrutassem dos direitos em sua plenitude. O Estado a tudo dirigia e controlava, impedindo os estamentos menos favorecidos de ter acesso aos bens da vida.

A liberdade de contratar pressupõe o afastamento do Estado, que não deve intervir na Ordem Econômica, deixando livres os sujeitos para negociar o que lhes aprouver. O que se tem então é a consagração dos ideais liberais expostos por Adam Smith. O mercado e a Ordem

1 A propósito, diga-se à guisa de digressão, que não é erro nenhum empregar a expressão "geração de direitos" para se referir aos princípios em geral. As gerações marcam determinado período histórico e são cumulativas, não excludentes. Doutrina minoritária, que prefere a locução "dimensão dos direitos", deve ser rejeitada, pois carece de clareza e rigor científico";

Econômica, aí incluindo os negócios jurídicos, devem funcionar livres para alcançar o melhor resultado econômico e social possível.

O princípio sob exame é o fundamento ou razão de ser dos contratos, conforme já foi aqui acentuado. A todos se reconhece o direito de livre negociação, como aliás decorre do art. 5º. da Constituição, que positiva como um dos direitos fundamentais o da liberdade, seja ela em sentido amplo (caput) seja ela em sentido estrito (liberdade de iniciativa econômica, art. 170).

O princípio da autonomia privada segue eficaz nas sociedades hodiernas, mas, em razão dos abusos que se verificaram já na segunda metade do Séc. XIX, começou a sofrer limitações. Note-se: limitar não significa negar validez ou eficácia ao princípio, porque, se isso fosse possível, não se teria um princípio. Delimitar a autonomia contratual significa impor certas restrições fundadas em valores éticos, morais e sociais, a fim de evitar situações iníquas ou injustas.

A delimitação da liberdade faz-se mediante intervenção do Poder Público na Ordem Econômica, incluído aí o contrato (COSTA: 1993, pp. 20-24)). Com efeito, chegou um tempo em que o Estado se viu obrigado a interferir no ambiente negocial, evitando que uma das partes do contrato prevalecesse sobre a outra.

Isso se deu no contrato de trabalho, mas também nos contratos agrários, como a fixação de prazos mínimos, a remuneração mínima etc.

Surge daí um segundo princípio, que é o da função socioeconômica do contrato, do qual agora se falará.

1.2.2. FUNÇÃO SOCIOECONÔMICA DO CONTRATO

Aqui se tem um princípio de segunda geração, de natureza prestacional, ou seja, direito que se exerce contra o Estado. No caso, direito de exigir sua intervenção na Ordem Econômica. Começa ele a ser forjado no Séc. XIX, mas ganha em importância após 1917, com a função socioeconômica da propriedade prevista na Constituição Mexicana daquele ano.

A função socioeconômica do contrato questiona a autonomia da vontade. Ocorre que a autonomia da vontade assenta-se numa falsa premissa, a de que os homens nascem iguais. Tal premissa, embora universalmente aceita, mostrou-se inconsistente. Não só os homens nascem fisicamente desiguais, como também desiguais são em poder, inteligência, riqueza e influência.

Essa desigualdade mostra-se nociva, especialmente nos contratos agrários e nos de trabalho. Neles há quase sempre contratantes desiguais. De um lado, o titular da iniciativa econômica (industrial, empresário, fazendeiro, latifundiário; doutro, o trabalhador ou contratado (empregado, arrendatário, parceiro agrícola etc).

Não há dúvida de que, nesses exemplos, o empresário tem maior poder e influência do que os contratados. O risco é prevalecer a vontade do empresário sobre a vontade do mais fraco, de forma a ditar cláusulas contratuais danosas a este. Na história dos contratos, isso se viu intensamente nos ditos contratos de trabalho e nos contratos agrários.

Empregados que trabalhavam 12 horas por dia sem contraprestação, mulheres que trabalhavam mesmo enquanto lactantes, arrendatários que pagavam altas somas aos arrendantes, parceiros-agrícolas que recebiam pequena participação nos lucros, eram fatos comuns.

Não se conhece um conceito sobre a função socioeconômica do contrato. Mas o trabalho da doutrina e da jurisprudência permite detectá-lo na presença de dois requisitos: (i) respeito à dignidade do contratante e (ii) respeito à ordem pública. Presentes ambos os valores, tem-se que o contrato atinge sua função socioeconômica.

A lesão à dignidade do contratante verifica-se, por exemplo, (i) no controle da jornada de trabalho do arrendatário, que deve ser livre para trabalhar como quiser e (ii) na exigência de manusear os agrotóxicos sem o fornecimento de equipamentos de proteção Tais exigências, que interferem na personalidade do contratado, descaracterizam a função socioeconômica do contrato agrário.

Quanto à ordem pública, e ainda focando nos contratos agrários, podem ser mencionados a obediência de prazos mínimos de duração e a exigência de percentual dentro do permitido para os arrendamentos e parcerias. Pode parecer, numa primeira visão, que tais questões nada têm a ver com o interesse público. Mas assim não é, porque a desobediência à norma agrária traz dano à sociedade, repercutindo na produtividade da terra, no rendimento do trabalhador etc. A insegurança alimentar, ou seja, a falta de alimentos suficientes para uma nação, é algo que a sociedade quer evitar.

Já se decidiu acerca dos prazos de duração dos contratos agrários:

> A jurisprudência do Tribunal considera abusiva a disposição contratual que estipula prazo sobremodo exíguo de aviso prévio para resilição unilateral de contrato de trato sucessivo e longa duração,

> em que uma das partes realiza investimentos para execução do programa contratual. Desconformidade com os princípios da boa-fé objetiva e da função socioeconômica do contrato. O trato de longa duração enseja no parceiro criador legítima expectativa de que a relação negocial perdure, ensejando indenização o rompimento abrupto do vínculo (TJRS, 9ª. Câm. Cív. Ap. 70056432727, Rel. Des. Miguel Ângelo da Silva, 30.set.2015).

A presença do princípio da função socioeconômica não revoga o princípio da autonomia contratual. Significa, antes, que a segunda é delimitada pela primeira, a fim de evitar as ditas situações de injustiça.

1.2.3. BOA-FÉ OBJETIVA

A boa-fé objetiva (Código Civil, art. 422) é um princípio de terceira geração, identificado com a noção da eticidade. Ganhou força no Brasil com o Código do Consumidor em 1990, embora estivesse presente na legislação europeia muito tempo antes disso. Trata-se do princípio contratual mais debatido nos dias presentes, objeto de intensa análise doutrinária e jurisprudencial.

A boa-fé objetiva não se confunde com a subjetiva, porque enquanto esta vincula-se aos aspectos psíquicos da contratação (vontade, intenção, malícia etc.), aquela refere-se ao comportamento do contratante, por isso sendo dita "boa-fé conduta". Trata-se de uma regra de comportamento a ser observada em todas as fases da contratação. Nela não se indaga da vontade do contratante, mas sim da forma como ele age antes, durantes e após a contratação (MARTINS-COSTA: 1999, p. 32).

Quando se examina um prejuízo oriundo do contrato à luz da boa-fé objetiva, não é analisado se o contratante agiu ou não com a intenção de causar o dano, mas sim como ele se conduziu durante o contrato. Um exemplo bem conhecido no Direito Agrário e que pode ser tido como a origem dos estudos da boa-fé objetiva no Brasil é o das sementes de tomate no Rio Grande do Sul.

Deu-se que determinada empresa de fabricação de massas de tomate, que pretendia se instalar no Rio Grande do Sul, pôs-se a fornecer sementes aos agricultores da região, sob o argumento de que compraria a produção respectiva. Mais tarde, depois de os agricultores terem feito o plantio, os diretores da empresa anunciam sua desistência de prosseguir com a fabricação, com isso perdendo-se toda a colheita.

O caso é de quebra da boa-fé objetiva. Não se leva em consideração a intenção da empresa, mas sim a expectativa por ela criada. Por isso se decidiu, naquela oportunidade:

> CONTRATO. TRATATIVAS. "CULPA IN CONTRAHENDO". RESPONSABILIDADE CIVIL. RESPONSABILIDADE DA EMPRESA ALIMENTÍCIA, INDUSTRIALIZADORA DE *TOMATES*, QUE DISTRIBUI SEMENTES, NO TEMPO DO PLANTIO, E ENTÃO MANIFESTA A INTENÇÃO DE ADQUIRIR O PRODUTO, MAS DEPOIS RESOLVE, POR SUA CONVENIÊNCIA, NÃO MAIS INDUSTRIALIZÁ-LO, NAQUELE ANO, ASSIM CAUSANDO PREJUÍZO AO AGRICULTOR, QUE SOFRE A FRUSTRAÇÃO DA EXPECTATIVA DE VENDA DA SAFRA, UMA VEZ QUE O PRODUTO FICOU SEM POSSIBILIDADE DE COLOCAÇÃO. PROVIMENTO EM PARTE DO APELO, PARA REDUZIR A INDENIZAÇÃO À METADE DA PRODUÇÃO, POIS UMA PARTE DA COLHEITA FOI ABSORVIDA POR EMPRESA CONGÊNERE, ÀS INSTÂNCIAS DA RE. VOTO VENCIDO, JULGANDO IMPROCEDENTE A AÇÃO. Tanto basta para demonstrar que a ré, após incentivar os produtores a plantar a safra de tomate – instando-os a realizar despesas e envidar esforços para plantio, ao mesmo tempo em que perdiam a oportunidade de fazer o cultivo de outro produto – simplesmente desistiu da industrialização do tomate, atendendo aos seus exclusivos interesses, no que agiu dentro do seu poder decisório. Deve, no entanto, indenizar aqueles que lealmente confiaram no seu procedimento anterior e sofreram o prejuízo. (...). Confiaram eles lealmente na palavra dada, na repetição do que acontecera em anos anteriores TJRS, 5ª. Câm. Cív. Ap. 591028295, Rel. Ruy Rosado de Aguiar Júnior, j. 06.jun.1991).

A boa-fé é vista como um dever conexo ou colateral à obrigação principal (MENEZES CORDEIRO: 2007, p. 632). Não é a própria obrigação, mas um dever que a ela se agrega para levar a bom êxito as várias fases contratuais. Um dever anexo importante é o da transparência, graças à qual o contratante deve informar ao outro todas as circunstâncias capazes de influir na contratação, a fim de obter o consentimento esclarecido, ou consentimento informado.

O princípio da boa-fé objetiva tem várias irradiações, plenamente aplicáveis ao Direito do Agronegócio e dos quais agora se falará brevemente. A primeira deles é o *venire contra facto proprium* (vedação de comportamento contraditório). Dele decorre a *supressio,* que pode ser vista como a perda do direito em razão de um costume que altera determinada cláusula contratual.

Exemplo: arrendante e arrendatário combinam que o preço do arrendamento será pago no domicílio do arrendante. Mas, por uma razão qualquer, o preço é pago no domicílio do arrendatário. O arrendante não poderá mais exigir a disposição contratual que previa o contrário.

A supressio implica a *surrectio,* que, no exemplo, é aquisição do direito de o arrendatário pagar em seu domicílio.

Veja-se caso real:

> Viola os institutos da supressio, surrectio e do venire contra facto proprium a conduta da parte contratante que, após manter a observância por mais de cinco anos do contrato anteriormente celebrado entre as partes, realizando os pagamentos mensais nos termos do ajustado, cessar a realização dos pagamentos, sob alegação de descumprimento de aditivo pactuado entre as partes, e nunca executado (TJRS, 16. Câm. Cív., Ap. 70046412912, Rel. Des. Paulo Sérgio Scarparo, j. 15.dez.2011).

Outra irradiação importante é o *duty to mitigate the loss,* ou dever de diminuir a própria perda. Como o contrato é uma relação de cooperação, e não de subordinação, não pode o credor agravar a própria condição e, com isso, a condição do devedor. Exemplo: vencida a dívida, o credor prolonga a sua cobrança, fazendo incidir maiores juros contra o devedor. Se a cobrança fosse feita em prazo razoável, maiores condições teria o devedor de pagá-la.

> Aplicação da 'teoria dos atos próprios', como concreção do princípio da boa-fé objetiva, sintetizada nos brocardos latinos 'tu quoque' e 'venire contra factum proprium', segundo a qual ninguém é lícito fazer valer um direito em contradição com a sua conduta anterior ou posterior interpretada objetivamente, segundo a lei, os bons costumes e a boa-fé (STJ, 3ª. Turma, REsp 1192678 / PR, Rel. Min. Paulo de Tarso Sanseverino, j. 26.nov.2012).

Tem-se ainda o *tu quoque,* expressamente previsto no art. 476 do Código Civil, que, nos contratos bilaterais, autoriza o contratante a reter a sua prestação enquanto a do outro não for cumprida. Exemplo nos contratos agrários está no arrendamento. Se o arrendante ingressa com despejo para obter a desocupação do imóvel, não poderá obtê-lo senão depois de indenizar ao arrendatário as benfeitorias por este introduzidas.

Recorde-se que as benfeitorias são os acessórios que o possuidor incorpora ao solo para o fim de conservá-lo, melhorar sua utilidade ou torná-lo mais confortável, como por exemplo, casas, galpões, cercas, currais etc.

1.2.4. FORÇA OBRIGATÓRIA

A força obrigatória dos contratos, princípio de primeira geração, significa que, uma vez aceita a proposta, seja verbalmente ou por escrito, os contratantes ficam sujeitos às respectivas prestações, não podendo demitir-se desse dever sob pena de incorrer em perdas e danos (VENOSA: 2005, p. 406)).

Não quer isso dizer que o contrato "acorrente" o devedor ao credor, nem significa que as obrigações devam ser sempre cumpridas, mas é uma garantia do Estado Democrático de Direito que, diante do inadimplemento, os poderes constituídos possam fazer valer a lei e obrigar o devedor ao pagamento.

Lembre-se que as perdas e danos são os prejuízos que o contratante sofre por não ter o outro contratante cumprido sua parte no contrato, como a falta de pagamento do preço do arrendamento.

A força obrigatória foi o principal argumento do passado para obrigar os contratantes a cumprir os contratos, mesmo contendo cláusulas ditas "leoninas". Em nome dele foram criadas máximas, já mencionadas, como a de que "o contrato faz lei entre as partes", "preto no branco", "o que é combinado não sai caro" etc.

Mas a pergunta é: será que tudo o que é combinado não sai caro? Veja-se a seguir com o princípio da revisão.

1.2.5. REVISÃO

A ideia de que o contrato sempre deve ser cumprido pertence ao passado. Ter de cumprir a palavra empenhada no negócio é, como se viu, uma garantia do credor, mas isso não quer dizer que todo e qualquer contrato deva ter suas prestações cumpridas. A ocorrência de cláusulas abusivas, a possibilidade de injusta oneração da prestação e outros fatores externos ao negócio fazem com que certas cláusulas negociais não se tornem exigíveis (VILLAÇA AZEVEDO: 2011, p. 145).

Surge então o princípio da revisão, por força do qual o Estado pode dispensar o contratante de cumprir a prestação. É princípio de primeira geração. É de jurisprudência ser "possível a revisão do contrato diante da mitigação do princípio da pacta sunt servanda" (TJPR, 13ª. Câm. Cív., Ap. 40.1414730-1, Rel. Des. Coimbra de Moura, j. 20.nov.2015).

A possibilidade de rever contratos encontra-se desdobrada no Código Civil e no Código do Consumidor. O primeiro acolhe a teoria da imprevisão e o segundo, a teoria da lesão. De fato, os arts. 317 e 478 daquele diploma desobrigam o contratante nos casos em que, por razões imprevistas e imprevisíveis, ocorrem circunstâncias a onerarem sobremaneira a prestação. Já o Código do Consumidor, no art. 6º., V, dispensa também o contratante quando ocorrem fatos supervenientes onerando a prestação. A diferença é que, enquanto o Código Civil exige a imprevisibilidade, o Código do Consumidor contenta-se com a oneração.

Exemplo: Supondo que, num contrato de exportação, um cafeicultor tenha combinado preço de 100 mil reais e que, antes de entregar o produto, o governo aumente o importo de exportação em 50 por cento. Não estará o exportador obrigado a entregar as sacas pelo valor combinado, pois um fato imprevisto onerou a obrigação. Logo, o contrato tem que ser revisto para aumentar o valor da prestação. Isso em favor da conservação do negócio.

Sem embargo, em se tratando de contratos agrários, é de registrar que fatores econômicos como desvalorização da moeda, inflação, aumento de juros e crises econômicas não são tidos como fatos imprevistos. Em exemplos tais segue aplicável o princípio da força obrigatória.

> *ARRENDAMENTO RURAL* - ALEGAÇÃO DE QUE O CONTRATO SE TORNOU EXCESSIVAMENTE ONEROSO - INOCORRÊNCIA - INAPLICABILIDADE DA TEORIA DA IMPREVISÃO - CRISE DO SETOR SUCROALCOOLEIRO QUE NÃO É IMPREVISÍVEL (TJSP, 28ª. Câm. Dir. Priv., Ap. 1001317-65.2016.8.26.0160, Rel. Des. César Luis de Almeida, j. 12.dez.2017).

Como será visto oportunamente, sendo o arrendamento rural contrato comutativo, ou seja, contrato em que já se sabe que a obrigação tem que ser cumprida, o preço é sempre devido, ainda que se frustre a produção e o arrendatário nada produza.

1.2.6. RELATIVIDADE

O último dos princípios do contrato estudados pela doutrina é o da relatividade, também um princípio de primeira geração. Se o contrato obriga, ela obriga a quem contrata, e não a terceiros. Um pai não é obrigado a pagar dívidas do filho, nem o fiador se obriga a aditivos contratuais aos quais não anuiu. Em síntese, terceiros não interessados não se obrigam a pagar dívidas (Código Civil, arts. 304-305).

Malgrado a relatividade tenha se firmado secularmente como princípio do negócio jurídico, isso não impediu que determinadas circunstâncias a fossem mitigando, de forma a que o Direito reconhecesse situações nas quais pessoas que não haviam participado do contrato fossem obrigadas a ele. É o que a doutrina denomina "transubjetivação" (FACHIN: 2015, p. 106). Na lição do jurista paranaense, na mesma obra e página, "quem contrata não mais contrata necessariamente apenas com quem contrata".

Exemplo esclarecedor está nas relações de consumo. Quando se trata de fornecimento de produtos, o comerciante responde solidariamente com o fabricante pelos danos que o bem venha a causar ao consumidor (CDC, arts. 12-13). Quer dizer, o consumidor faz um contrato com o comerciante, mas, na presença de um dano, todos os que participaram da cadeia distributiva do produto acabam respondendo. É, sem dúvida, uma atenuante do princípio da relatividade.

Nos contratos agrários, vigora a relatividade, mas há também mitigação. Veja-se o art. 26, parágrafo único, do Dec. 59.566/66. Dando-se de, na vigência do arrendamento, morrer o arrendatário, o contrato não se extinguirá se, no núcleo familiar, houver alguém capaz de dar-lhe prosseguimento. Note-se: esta pessoa não contratou, mas, mesmo assim, obriga-se a cumpri-lo.

RESUMO DOS PRINCÍPIOS DOS CONTRATOS

PRINCÍPIO	GERAÇÃO	ENQUADRAMENTO	POSITIVAÇÃO
AUTONOMIA DA VONTADE	PRIMEIRA	CLÁSSICO	SIM (421 CC)
FUNÇÃO SOCIOECONÔMICA	SEGUNDA	CONTEMPORÂNEO	SIM (421 CC)
BOA-FÉ OBJETIVA	TERCEIRA	CONTEMPORÂNEO	SIM (422 CC)
FORÇA OBRIGATÓRIA	PRIMEIRA	CLÁSSICO	NÃO
REVISÃO	PRIMEIRA	CLÁSSICO	SIM (CC 317 e 473; CDC 6º., V
RELATIVIDADE	PRIMEIRA	CLÁSSICO	NÃO

1.3. CLASSIFICAÇÃO

Vistos os princípios do contrato, veja-se agora a sua classificação, renovando-se a advertência de que o item 1 está sendo empreendido sob as luzes dos contratos agrários. Vários são os critérios apresentados para classificar os contratos. Aqueles oferecidos a seguir são os que mais de perto interessam a esta obra.

1.3.1. CONTRATO QUANTO À FORMAÇÃO

Este critério leva em conta o momento em que se tem por firmado o contrato. Aqui se indaga: quando se pode dizer existir o contrato? É quando as partes verbalmente o ajustam? Quando o redigem e assinam? Quando o registram? A questão não é meramente acadêmica, eis que o momento de celebração do contrato vai influir, por exemplo, na questão da responsabilidade pela perda da coisa contratada e no inadimplemento.

De acordo com esse critério, conhecem-se três formas de contrato: (i) os consensuais, (ii) os formais e (iii) os reais (DINIZ: 2016, p. 47). Os primeiros são os que se formam mediante simples aceitação do sujeito a quem é dirigida a proposta. Não se exige nada escrito, assinado ou registrado. São os mais singelos dos contratos, podendo ser aqui mencionados a compra e venda de móveis, a locação e o contrato de trabalho.

Tais contratos não exigem forma escrita, mas nada impede que as partes, para obter maior segurança e provar sua existência, deliberem por redigi-los. Locação de imóveis, por exemplo, é contrato consensual, mas frequentemente é feito por escrito.

Formais são os contratos a que a lei exige escritura, ou seja, forma escrita ou particular. São negócios jurídicos que envolvem bens de maior valor ou que, feitos verbalmente, dificilmente seriam demonstrados. Como exemplos podem ser citados a compra e venda de imóveis, a hipoteca e a fiança. Às vezes essa escritura é pública, outras vezes particular. Só revestirá a primeira forma quando a lei o exigir (Código Civil, art. 108).

Finalmente, reais são os contratos que só se consideram existentes a partir da entrega de determinada coisa, o que entre nós é chamado "tradição". Antes da entrega, o que existe é simples promessa, mas não ainda contrato. No direito brasileiro são reais os contratos de comodato, mútuo, depósito, doação de coisas de pequeno valor e penhor comum.

Os contratos agrários são todos consensuais, sejam típicos ou atípicos, como claramente se recolhe do art. 11 do Dec. 59.566/66, que regulamenta o Estatuto da Terra nos contratos agrários: "os contratos de arrendamento e de parceria poderão ser escritos ou verbais". Justifica-se a orientação, na medida em que, pelo próprio ambiente em que são feitos, não há espaço para formalidade. Naqueles casos em que as partes são assistidas por escritório, tabelião ou sindicato, é frequente a forma escrita.

É de suma importância assentar que a forma verbal não afasta nem a existência nem a validade do contrato agrário, sendo certo que, nesses casos, manda a lei aplicar as soluções previstas naquele Decreto no tocante a prazos, pagamentos etc. Por isso que, "ausente *contrato* escrito sujeitam-se as partes ao patamar remuneratório previsto no Estatuto da Terra" (TJSP, 32ª. Câm. Dir. Priv., Ap. 0022699.83-2006.8.26.0451, Rel. Des. Hamid Bidne, j. 09. maio.2013).

Sobremais, nos casos em que o contrato agrário for escrito, desnecessários serão seu registro ou reconhecimento de firma.

1.3.2. CONTRATO QUANTO À PREVISÃO LEGAL

Aqui se tem em apreço a presença do contrato na lei escrita. Se ele está descrito na lei, com um nome, conteúdo, requisitos e efeitos, tem-se um contrato típico; se, ao contrário, o contrato é aceito e praticado pela sociedade, mas não tem previsão legal, tem-se um contrato atípico.

Os contratos atípicos valem tanto quanto os típicos, desde que lícito seu objeto e capaz seu agente, conforme está no art. 425 do Código Civil, que a esse respeito confere ampla liberdade para criar contratos. Exemplo de negócio atípico muito praticado é o contrato de shopping center. Conquanto não previsto positivamente, é de plena aceitação social.

Os contratos agrários podem ser típicos ou atípicos (MARQUES: 2005, pp. 231-232). Os primeiros são o arrendamento e a parceria, expressamente disciplinados na Lei nº 4.504/64 e no Dec. 59.566/66. Como exemplo de contratos atípicos podem ser mencionados o "fica", a hospedagem de animais, o contrato de pastoreio e o comodato rural. Uma espécie também praticada, embora ilícita, é o "vaca papel". Sobre eles se discorrerá no item 4.

É importante ressaltar que infinitas possibilidades existem para a criação de contratos agrários atípicos no Brasil. Dada a dimensão continental do País, a presença de vários biomas e regiões, além de diversidades culturais, não surpreende sejam concebidas com frequências novas e criativas modalidades.

1.3.3. CONTRATO QUANTO A SUAS PRESTAÇÕES

Este critério tem como base as prestações contratuais. Regra geral, o valor das prestações de ambos os contratantes têm valor econômico equivalente ou próximo do equivalente. É o princípio da equivalência das prestações, sob o qual são feitos os contratos em todo o mundo. Todavia, em muitos contratos não existe tal equivalência, porque, enquanto eles aproveitam apenas a um contratante, ao outro apenas desfavorecem.

Tem-se daí as figuras dos contratos bilaterais, ou onerosos, e dos contratos unilaterais, ou gratuitos, conforme as prestações sejam ou não equivalentes. Exemplo dos segundos são a fiança, o transporte de simples cortesia, a doação sem encargo e o comodato. Neles, enquanto uma das partes tem deveres, a outra só tem direitos. Exemplo dos segundos são a compra e venda, locação, arrendamento e seguro, dentre vários outros.

Os contratos agrários típicos, ou seja, arrendamento e parceria, são sempre bilaterais ou onerosos, porque em ambos existem prestações para ambas as partes. Os demais contratos agrários conhecidos podem ser bilaterais ou unilaterais, conforme será estudado na oportunidade própria.

É importante saber a natureza das prestações, pois, se o contrato for bilateral, será aplicada a regra do art. 476 do Código Civil, por força da qual "nos contratos bilaterais, nenhum dos contratantes, antes de cumprida a sua obrigação, pode exigir o implemento da do outro". Essa uma aplicação do *tu quoque*. Além disso, o art. 391 firma a regra de que, "nos contratos benéficos, responde por simples culpa o contratante, a quem o contrato aproveite, e por dolo aquele a quem não favoreça. Nos contratos onerosos, responde cada uma das partes por culpa, salvo as exceções previstas em lei".

Essa última disposição pode ser aplica ao contrato de transporte.

1.3.4. CONTRATO QUANTO À EXECUÇÃO

Este critério tem em consideração a forma de cumprimento do negócio jurídico em face do tempo. Há contratos que se cumprem tão logo celebrados e há aqueles que se prolongam no tempo, seja para pagamento em data futura seja para pagamento em prestações. Os primeiros são chamados "contratos instantâneos", enquanto aos segundos se rotula "contratos diferidos".

Não há aqui grande interesse prático, senão pelo fato de a teoria da imprevisão, da qual se falou ao ensejo dos arts. 317 e 478 do Código Civil só se aplicar aos contratos diferidos. Não há, de fato, como cogitar em fato imprevisível em contrato que se faz e imediatamente cessa.

Os contratos agrários típicos são diferidos, como logo mais será estudado.

1.3.5. CONTRATO QUANTO À POSSIBILIDADE DE TRATATIVAS

Sob esse ponto de vista, existem duas formas de contrato. Nuns, há a possibilidade de negociações preliminares, tratativas iniciais, proposta, recusa, nova proposta etc. É o universo dos contratos paritários, em que cada contratante tem o poder de influenciar no conteúdo do contrato, sugerindo e alterando cláusulas, sempre em cooperação com a contraparte.

Todavia, contratos há em que não existe igualdade entre as partes. Não há possibilidade de negociação preliminar ou tratativas. A parte não goza da possibilidade de intervir no conteúdo da avença. Ou aceita ou rejeita em bloco as condições que lhe são submetidas. Este o campo dos contratos por adesão.

Aceitar ou rejeitar em bloco significa que as condições descritas por um dos contratantes só podem ser aceitas ou rejeitadas por inteiro, sem a possibilidade de aceitar umas e rejeitar outras.

Como se vê, não se trata propriamente de modalidades contratuais, mas sim de formas de contratar.

O grande diferencial repousa nos arts. 423 e 424 do Código Civil, que estabelecem regras de interpretação do negócio diante de cláusulas ambíguas ou contraditórias e reputa inválida a renúncia antecipada do aderente aos direitos emergentes do negócio. No primeiro caso, a interpretação se faz em favor do aderente.

Exemplo de renúncia antecipada, vedada pela lei, é a de abrir mão da garantia caso o bem adquirido venha com defeito.

Os contratos agrários admitem ambas as formas. Mas, ainda que sejam paritários, a incidência dos princípios da boa-fé objetiva e da função socioeconômica delimitam seu conteúdo, sempre com o propósito de coibir abusos por parte do contratante mais forte.

1.3.6. CONTRATO QUANTO À CERTEZA DAS PRESTAÇÕES

Decorrência desse critério é classificar em duas modalidades os contratos: comutativos e aleatórios. Todo contrato traz uma certeza, a de que ao menos uma das prestações deverá ser cumprida, e isso é conhecido desde o momento da celebração. Mas há contratos em que não existe certeza quanto ao cumprimento das prestações. Aqui o contrato fica na dependência de evento futuro e incerto, ou seja, uma condição.

Exemplo clássico de contrato aleatório é o contrato de seguro. Nele, a única certeza é a de que o segurado deve pagar o prêmio acordado. Não se sabe se o segurador pagará indenização, pois isso fica dependendo da ocorrência do sinistro, que é evento de ocorrência incerta.

Em se tratando de contratos agrários típicos, tem-se que o arrendamento é comutativo, enquanto a parceria é aleatória. Sobre isso de falará detidamente no item 2 abaixo.

RESUMO CLASSIFICAÇÃO DOS CONTRATOS

1 Quanto à formação
- Consensuais
- Formais
- Reais

2 Quanto a sua previsão legal
- Tipicos
- Atípicos

3 Quanto a suas prestações
- Bilaterais
- Unilaterais

4 Quanto à execução
- Instantâneos
- Diferidos

5 Quanto à certeza das prestações
- Comutativos
- Aleatórios

6 Quanto à possibilidade de tratativas
- Paritários
- Por Adesão

2. ARRENDAMENTO RURAL

Inicia-se agora o estudo do principal contrato do agronegócio, ou seja, o arrendamento rural. Dele serão apresentados conceito, natureza jurídica e efeitos.

2.1. CONCEITO E NATUREZA JURÍDICA

Na dicção do art. 3º. do Dec. 59.566/66, que, como foi dito, regula os contratos agrários no Brasil, o arrendamento rural é "o contrato agrário pelo qual uma pessoa se obriga a ceder à outra, por tempo determinado ou não, o uso e gozo de imóvel rural, parte ou partes do mesmo, incluindo, ou não, outros bens, benfeitorias e ou facilidades, com o objetivo de nele ser exercida atividade de exploração agrícola, pecuária, agroindustrial, extrativa ou mista, mediante, certa retribuição ou aluguel, observados os limites percentuais da Lei".

Seu objeto "é o imóvel rural e seu fim é o uso ou posse temporária da terra, para a implementação de atividade agrícola ou pecuária, nas modalidades de arrendamento ou de parcerias rurais, segundo se depreende dos arts. 92 a 94 do Estatuto da Terra, observadas as disposições de seus arts. 95 e 96, explicitados pelo art. 1º de seu Regulamento" (FERRETTO, 2017, p. 4).

Há, como se vê, grande semelhança com o contrato de locação. Assim como esta, o arrendamento é um empréstimo temporário e oneroso, por força do qual a posse é entregue para desfrute do possuidor. Mas difere da locação, porque a remuneração é calculada sobre o valor da terra e encontra limites na lei. Além disso, existem regras específicas para esse contrato não encontradas na locação, sendo verdadeira a recíproca.

O arrendamento rural, como foi visto, não exige forma. Pode ser celebrado verbalmente ou por escrito. O art. 92 da Lei nº 4.504/64 admite forma "expressa ou tácita", mas, na verdade, quer dizer "escrita ou verbal". Recorrente na doutrina e na lei, aliás, a confusão entre tal terminologia. A forma verbal é sempre expressa. Tácitos são os contratos que se cumprem sem ter sido previamente ajustados, como determinados tipos de mandato.

No arrendamento, atribui-se a posse direta do imóvel, para uso e gozo do arrendatário. Usar e gozar são poderes de ingerência socioeconômica sobre uma coisa (Código Civil, arts. 1.196 e 1.228) e significam a possibilidade de extrair do imóvel todas as suas vantagens, utilidades e comodidades, agindo como agiria o proprietário se na posse estivesse.

Segue daí que o arrendatário, como possuidor direto, tem poderes de livre administração, não se subordinando a qualquer contraprestação senão ao pagamento da remuneração ao arrendante. Por isso que, como administrador, é ele quem dá viabilidade à exploração econômica, preparando a terra, contratando serviçais, contraindo financiamentos etc. Disso não participa o arrendante, que se contenta com o recebimento da remuneração.

Ter a posse indireta não significa que o arrendante não possa acessar o imóvel para acompanhar a atividade econômica. Assiste-lhe o direito de ingressar no imóvel e vistoriá-lo com o fim de examinar lhe o estado de uso e conservação. Mas não lhe assiste o direito de interferir na atividade do arrendatário, que, assim como o locatário, deve ter assegurada a posse direta sobre o bem.

Já se vê que essa modalidade contratual, como aliás qualquer contrato, exige dois personagens, o arrendante ou arrendador e o arrendatário. Ao contrário do que comumente se diz, aquele não precisa ser necessariamente proprietário da terra (OPITZ; OPITZ: 2014. 293,). Frequentemente o é, mas nada impede que qualquer titular da posse possa arrendar. Assim, por exemplo, o usufrutuário, o superficiário e o enfiteuta podem dar em arrendamento. Mesmo o arrendatário pode dar em subarrendamento, consoante art. 3º., § 1º., daquele Decreto.

Consideradas tais circunstâncias, pode o arrendamento rural ser conceituado como o contrato por força do qual o arrendante, mediante remuneração fixa, entrega ao arrendatário a posse temporária da terra, para nela ser exercida atividade de cultivo de vegetais ou de criação de animais.

Com relação à natureza jurídica, tem-se de ser o arrendamento contrato consensual, típico, oneroso, diferido e comutativo, admitindo contratação paritária ou por adesão. Veja-se:

A) É contrato consensual, pois, como já foi explicitado, existe e torna-se válido e eficaz com a simples aceitação verbal da proposta. A escritura de arrendamento, pública ou particular, apenas prova sua existência, mas não é condição de existência. Relembre-se o art. 11 do Decreto sob análise.

B) É contrato típico, porque tem seu conceito, requisitos e efeitos delineados em lei, no caso o referido Decreto e a Lei nº 4.504/64, esta regulamentada por aquele. Cuida-se, na verdade, de modalidade negocial muito antiga, já regulada no Séc. VI da era Cristã.

C) É contrato oneroso, porque, inexoravelmente, gera obrigações tanto para o arrendante como para o arrendatário (MARQUES: 2005, p. 232). A principal obrigação do arrendante é de entregar a posse e garantir seu exercício, enquanto o principal dever do arrendatário é o de pagar a remuneração acordada. Evidentemente, existem outras obrigações para ambas as partes, como, por exemplo, a de o arrendatário comunicar ao arrendante a ocorrência de esbulho praticado por terceiros. A remuneração é essencial no arrendamento. Sua ausência o descaracteriza e o converte num comodato, ou seja, uma cessão gratuita da terra.

D) É contrato diferido, porque um dos direitos derivados da lei é o da permanência do arrendatário por lapso de tempo razoável para obter uma boa condição de lucro. Sobre os prazos mínimos desse contrato se falará abaixo, mas desde logo fique assentado não ser lícito às partes fixar prazo inferior a 3 anos.

E) É contrato comutativo, porque, desde o momento em que é celebrado, gera uma certeza, a de que ambas as partes terão prestações a ser cumpridas. Nisso está sua principal diferença para com o outro contrato agrário típico, a parceria, sempre aleatória. Não depende o arrendamento, portanto, do sucesso ou insucesso da atividade agrícola. A remuneração sempre é devida.

F) É contrato paritário ou por adesão, conforme possam as partes influir ou não nas tratativas preliminares e no conteúdo da avença.

2.2. PRAZOS MÍNIMOS

Os contratos agrários podem ou não ter prazo determinado, em observância ao princípio da liberdade contratual. Mas, por disposição legal (Dec. 59.566/66, art. 21; Lei nº 4.504/64, art. 95, II) e agora em prestígio ao princípio da função socioeconômica, se não houver fixação de prazo, este será de 3 anos. Consequentemente, não se concebe contrato de arrendamento rural por prazo inferior a 36 meses. Relembre-se que os prazos mínimos foram criados a bem do arrendatário, para que ele possa extrair um rendimento razoável de sua atividade. Nesse prazo não poderá o arrendante retomar a posse da terra antecipadamente, senão por justo motivo.

O que se quer evitar com a fixação de prazos mínimos é o mau uso da terra, pois, "quem toma a terra, em arrendamento ou parceria, por um ano só, quererá tirar todo o proveito imediato" (BORGES: 1994, p. 25).

Há prazos mínimos de vigência do contrato e isso depende da espécie de exploração praticada. O espírito é o de que, quanto mais demorado for o resultado da cultura, maior será o prazo contratual mínimo. Por isso uma cultura temporária, que tem ciclo rápido, tem prazo mínimo de 3 anos, enquanto a cultura de reflorestamento, cujo ciclo é longo, tem lapso mínimo de 7 anos.

Ainda em relação aos prazos do arrendamento, imprescindível é assentar que, na pendência de colheita, o prazo não se encerra. Um contrato de arrendamento para plantio de soja, que tem prazo mínimo de 3 anos, poderá atingir, por exemplo, 3 anos e 1 mês, desde que os grãos ainda não se encontrem maduros para a colheita. É o que se extrai dos arts. 95, I, da Lei nº 4.504/64 e 28 do Dec. 59.566/66).

Vejam-se agora as várias modalidades de atividade rural e os prazos mínimos dos respectivos contratos.

A) CULTURA TEMPORÁRIA

É aquela que gera frutos, e não produtos. São culturas cuja colheita leva à extinção o vegetal que gerou o fruto, de tal forma que, para nova colheita ocorrer, novas sementes deverão ser lançadas à terra. Exemplos bem conhecidos são a soja, o trigo, o milho, o arroz e o algodão. Os frutos são extraídos junto com a planta, de modo a que, ao final, nada mais restarão senão a palha seca a terra nua. A cada safra, novas sementes são adquiridas, novo plantio é feito e novos cuidados são exigidos.

Frutos diferem de produtos, pois estes não se renovam, já que sua colheita implica a morte do vegetal. Produtos são acessórios naturais que o vegetal periodicamente produz, sem que a colheita leve à morte do vegetal.

Prazo: 3 anos (Dec. 59.566/66, art. 13, II, *a*, primeira figura).

B) CULTURA PERMANENTE

É aquela que gera produtos, e não frutos. Essas culturas produzem resultados permanentes, que não se esgotam numa safra, o que vale a dizer que, colhidos num ano os produtos, eles voltarão a ser colhidos na safra vindoura. Há, pois, sensível diferença para com a espécie anterior, que se extingue com uma única colheita. Aqui várias colheitas podem ser feitas. Exemplos conhecidos são o café, o cacau, a mandioca e o coco baiano.

Tais culturas, malgrado produzam permanentemente, exigem maior tempo para produzir. Enquanto a soja demora cerca de 4 meses para permitir a colheita, o café não se colhe senão depois de 36 meses. Justifica-se e compreende-se, portanto, por que razão essa espécie de cultura tenha um prazo mínimo maior.

Prazo: 5 anos (Dec. 59.566, art. 13, II, *a*, segunda figura).

C) REFLORESTAMENTO

Essa cultura caracteriza-se por ter como objeto o plantio de mudas ou sementes de árvores para corte e exploração de madeira. Tais culturas, das quais são exemplo o eucalipto, o pinheiro e o mogno africano, têm função além da econômica, porque, enquanto perduram, contribuem para o equilíbrio ambiental do Planeta. São culturas que demandam grande tempo, pois o crescimento da árvore é lento e só se completa depois de vários anos.

O reflorestamento tem sido muito utilizado para a recomposição das reservas legais desmatadas, além de prestar-se como servidão florestal.

Vale acrescentar que a servidão florestal é a área de terra que um proprietário mantém florestada em sua propriedade para completar a reserva legal de outra propriedade. Por isso, se um fazendeiro não consegue manter florestados os 20 por cento exigidos em suas terras, ele pode pagar para que o vizinho o faça.

Prazo: 7 anos (Dec. 59.566/66, art. 13, II, *a*, terceira figura).

D) PECUÁRIA DE PEQUENO E MÉDIO PORTE

Ao contrário das hipóteses anteriores, estuda-se agora a criação de animais. As leis agrárias conhecem duas modalidades, a pecuária de grande porte e as demais. Ambas são conceitos jurídicos indeterminados, ou seja, sem definição. Dimensionar se a pecuária é ou não de grande porte depende de análise tópica. Para isso deverá levar-se em conta a extensão da área explorada, o número de animais criados etc. Logo, tem-se que a classificação obedece a critérios econômicos.

Sobre isso já se decidiu que "a jurisprudência desta Corte tem sufragado o entendimento de que a noção de pecuária de pequeno, médio ou grande porte refere-se às proporções do empreendimento no qual desenvolvida a atividade" (TJRS, 9ª. Câm. Cível, Ap. 70040213506, Rel. Des. Leonel Pires, j. 23.nov.2011).

Criação de cavalos, por exemplo, enquadra-se como de pequeno ou médio porte. Idem em relação a ovelhas e caprinos.

Prazo: 3 anos (Dec. 59.566/66, art. 13, a, primeira figura).

E) PECUÁRIA DE GRANDE PORTE

Valham aqui as considerações tecidas no tópico anterior sobre o conceito de pecuária de pequeno, médio e grande porte. Mas àquelas observações necessário é aditar o posicionamento da 3ª. Turma do STJ, que, em julgamento histórico, considerou de grande porte qualquer atividade de criação de gado bovino. Com isso se abstraem a extensão e o número de animais.

Veja-se:

> CONTRATO DE ARRENDAMENTO RURAL. FUNÇÃO SOCIOECONÔMICA DA PROPRIEDADE. ATIVIDADE DE CRIAÇÃO DE GADO BOVINO. PECUÁRIA DE GRANDE PORTE. PRAZO DE DURAÇÃO.1. A Constituição Federal de 1988 dispõe que a propriedade atenderá a sua função socioeconômica (art. 5º, XXIII), revelando-se, pois, como instrumento de promoção da política de desenvolvimento urbano e rural (arts. 182 e 186). 2. O arrendamento rural e a parceria agrícola, pecuária, agroindustrial e extrativista são os principais contratos agrários voltados a regular a posse ou o uso temporário da terra, na forma do art. 92 da Lei nº 4.504/64, o Estatuto da Terra. 3. A atividade pecuária para a criação de gado bovino deve ser reconhecida como de grande porte, de modo que incide o prazo de 5 (cinco) anos para a duração do contrato de arrendamento rural, nos termos do art. 13, II, "a", do Decreto n. 59.566/66. 4. Recurso especial provido. (STJ, 3ª. Turma, REsp. REsp 1336293 / RS, Rel. Min. Otávio Noronha, j. 24. maio.2016).

A persistir tal entendimento, ter-se-á doravante o seguinte:

A) Atividade pecuária para criação de gado bovino será sempre considerada de grande porte, obedecendo, pois, a prazo mínimo de 5 anos

B) Atividade pecuária para criação de gado não bovino poderá ser classificada como de pequeno, médio e grande porte, obedecendo a prazo de 3 ou 5 anos conforme o caso.

Ainda na questão dos prazos, parece não haver dúvida de que as atividades agroindustriais ou de avicultura e suinocultura não se sujeitam ao mínimo legalmente previsto. Com a edição da Lei nº 11.443/2007, que alterou o art. 96 do Dec. 59.566/66, tais atividades passam a ser regidas por leis específicas. Conquanto o dispositivo só se refira à parceria, é ele perfeitamente aplicável ao arrendamento.

Tenha-se presente que exploração como a de aves e de suínos é de retorno rápido e, no que toca particularmente àquelas, hoje se alcança o abate, quando da avicultura intensiva, em menos de dois meses. Não há o menor sentido, pois, em exigir mínimo de 3 anos para a vigência do contrato. O mesmo raciocínio vale quer para a parceria quer para o arrendamento.

Prazo: 5 anos (Dec. 59.566/66, art. 13, *a*, segunda figura).

RESUMO PRAZOS MÍNIMOS DO ARRENDAMENTO AGROPECUÁRIO

MODALIDADE DE EXPLORAÇÃO	PRAZO MÍNIMO EM ANOS
CULTURA TEMPORÁRIA	3
CULTURA PERMANENTE	5
CRIAÇÃO DE BOVINOS	5
PECUÁRIA DE GRANDE PORTE	5
PECUÁRIA DE PEQUENO E MÉDIO PORTE	3
REFLORESTAMENTO	7
AVICULTURA E SUINOCULTURA	NÃO TÊM

2.3. *NORMAS SOBRE O ALUGUEL*

Se o contrato de locação de imóveis urbanos, por força do princípio da autonomia contratual, não encontra limitação quanto à fixação do preço (aluguel), isso não se dá no arrendamento rural, em que a função socioeconômica e a boa-fé impõem limitações à dita liberdade. Por isso o art. 95, inciso XII, da Lei nº 4.504/64, com a redação que lhe deu a Lei nº 11.443/2007, estabelece o limite de 15 por cento sobre o valor cadastral do imóvel, que o arrendatário pagará ao arrendante.

O valor cadastral é atribuído pelo proprietário (não necessariamente arrendante), mediante declaração no INCRA. Vale dizer, assim, que o percentual tem como base não o valor da terra nua, mas o valor real do imóvel, o que implica considerar as benfeitorias.

Há hipótese, prevista naquele mesmo dispositivo, em que se permite cobrar até 30 por cento no arrendamento. Isso ocorre quando apenas uma parte do imóvel é arrendada, sendo ela destacada para empreendimento de alta rentabilidade. Exemplo é o da pecuária intensiva ou de confinamento. Nela, uma pequena área é usada, a engorda do gado é rápida e os lucros são maiores do que na pecuária extensiva.

Para a fixação do percentual, leva-se em conta primeiro o preço da terra nua e depois o das benfeitorias que entram no contrato, somando-se ambos. Já se decidiu, de fato, que "o limite percentual previsto no art. 95, XII, do Estatuto da Terra (Lei nº 4.504/64) deve ser aplicado sobre o valor cadastral do imóvel, devidamente atualizado, com incorporação de benfeitorias e acessões" (STJ, 3ª. Turma, REsp. 641222/RS, Rel. Min. Gomes de Barros, j. 05.ago.2004).

O aluguel deve ser pago anualmente, conforme art. 16 do Dec. regulamentador. O mesmo Decreto, no art. 13, III, obriga a que o aluguel seja pago em dinheiro. Essa a regra geral, mas o mesmo dispositivo permite que o pagamento seja feito com produtos de valor equivalente. Entenda-se: o preço deve ser sempre estabelecido em dinheiro, mas é admitido pagar em produtos, numa forma parecida com a dação em pagamento.

A despeito disso, alguns tribunais têm aceitado a fixação diretamente em produtos, sem menção a dinheiro. E, na verdade, trata-se de prática frequente no setor agropecuário, em flagrante costume *contra legem*. Nesse passo, "não há razões para modificar a sentença, mormente levando em consideração que os costumes da região onde a sentença foi prolatada é de que o pagamento, em contratos dessa natureza, seja feito em sacas de soja" (TJRS, 19ª. Câm. Cív. Ap. 70068294172, Rel. Des. Voltaire Moraes, j. 16.jun.2016).

Todavia, tal orientação não tem sido acolhida pelo STJ, que assim concluiu: "É nula cláusula contratual que fixa o preço do arrendamento rural em frutos ou produtos ou seu equivalente em dinheiro, nos termos do art. 18, parágrafo único, do Decreto nº 59.566/1966. (STJ, 3ª. Turma, REsp. 1266975 / MG, Rel. Min. Villas Bôas Cueva, j. 10.mar.2016).

À luz da lei escrita, é de concluir que o contrato de arrendamento rural deve ter seu preço fixado em dinheiro, necessariamente. O que pode ser feito, e disso se falou linhas atrás, é entregar produtos de valor equivalente ao fixado em dinheiro. Mas estabelecer remuneração diretamente em produtos, não. Esse raciocínio não se altera com a Lei nº 11.443/2007, que, ao contrário do que pensam alguns, não permitiu às partes estabelecer que o pagamento se dê em produtos ou frutos.

3. PARCERIA AGROPECUÁRIA

Ingressa-se agora no exame do segundo contrato agrário típico, é dizer, a parceria, que pode ter por objeto produtos agrícolas ou pecuários ou atividade agroindustrial e extrativa.

3.1. CONCEITO E NATUREZA JURÍDICA

Se o arrendamento rural guarda analogia com a locação de imóveis, a parceria se parece com uma sociedade, um contrato em que capital e trabalho se conjugam para obter proveitos comuns. O proprietário fornece a terra, o possuidor fornece o trabalho. Juntos, dividem os lucros e as perdas. De fato, há na parceria a figura da *affectio societatis*, entendida como a união de esforços para a busca de resultados, que inexiste no arrendamento rural.

A *affectio societatis* pode ser conceituada como a intenção de congregar esforços para perseguir um resultado econômico.

No arrendamento todas as obrigações são atribuídas ao arrendatário. É ele quem custeia a safra, adquire insumos, sementes, agrotóxicos etc. É ele quem prepara a terra, emprega tratores e maquinário, faz as colheitas e vende os frutos e produtos. O arrendante nada mais faz senão receber o preço do aluguel. Por isso o arrendamento, para o dono da terra, é muito mais cômodo, embora na parceria ele possa lucrar mais.

Na definição legal, presente no art. 96, § 1º., da Lei nº 4.505/64, com a redação que lhe deu a Lei nº 11.443/2007, "parceria rural é o contrato agrário pelo qual uma pessoa se obriga a ceder à outra, por tempo determinado ou não, o uso específico de imóvel rural, de parte ou partes dele, incluindo, ou não, benfeitorias, outros bens e/ou facilidades, com o objetivo de nele ser exercida atividade de exploração agrícola, pecuária, agroindustrial, extrativa vegetal ou mista; e/ou lhe entrega animais para cria, recria, invernagem, engorda ou extração de matérias-primas de origem animal, mediante partilha, isolada ou cumulativamente, dos seguintes riscos (...)".

A palavra-chave, a denotar a natureza societária desse contrato, é a "partilha". Ela desvela a natureza aleatória da parceria, em contraposição ao arrendamento, porque partilhar é concorrer com resultados positivos e negativos, na proporção combinada no contrato.

No conceito doutrinário, "parceria rural é a modalidade contratual pela qual o parceiro-proprietário cede ao parceiro-agricultor o uso da terra, partilhando com este os riscos do caso fortuito e da força maior e os frutos do produto da colheita ou da venda dos animais" (BUENO: 2007, p. 12).

Diante dos elementos expostos, lícito é conceituar a parceria como o contrato por força do qual uma pessoa, mediante partilha dos riscos e lucros, cede à outra a posse temporária de imóvel rural, para nele ser exercida atividade agrária.

Nele intervêm dois personagens, (i) o parceiro-outorgante e (ii) o parceiro-outorgado, conforme nomenclatura legal, respectivamente quem transfere a posse e quem a recebe. São também chamados "parceiro-proprietário" e "parceiro-agrícola". Assim como no arrendamento, não é condição necessária que o primeiro seja o proprietário da terra, bastando que possa dispor da terra.

O contrato de parceria tem a seguinte natureza:

A) É contrato consensual, pois não exige forma escrita, mas esta tem sido frequentemente usada pelos parceiros. A forma escrita prova a existência do contrato, mas contratação verbal é igualmente válida e eficaz;

B) É contrato típico, porquanto previsto nos arts. t96 e ss. da Lei nº 4.504/64 e 34 e ss. do Decreto 59.566/66;

C) É contrato oneroso, porque gera obrigações para ambas as partes. O parceiro-proprietário tem a obrigação de entregar a posse da terra e garanti-la, assim como as demais obrigações previstas no contrato, como, por exemplo, o pagamento de metade do valor dos agroquímicos. O parceiro-agricultor, de seu turno, tem a obrigação de entregar ao parceiro-proprietário o percentual de frutos e produtos avençados no contrato;

D) É contrato diferido, prolongando-se no tempo e tendo como prazo mínimo os 3 anos, salvo convenção em contrário.

E) É contrato aleatório, pois não se sabe se haverá resultado útil e, portanto, não se sabe se o parceiro-agricultor terá que desempenhar sua obrigação. O cumprimento da prestação pelo parceiro-agricultor depende de uma colheita exitosa. Se não houver colheita, o parceiro-agrícola não terá prestação a cumprir.

Já foi dito nesta obra que o traço diferenciador do arrendamento para com a parceria é a natureza comutativa do primeiro e o jaez aleatório do segundo. Não pode haver dúvida da índole aleatória desse contrato, pois o cumprimento da prestação resta na dependência de evento futuro e incerto. A incerteza está no desconhecimento do resultado da exploração econômica. Aqui o resultado é fator determinante na fixação das obrigações do possuidor. Não assim no arrendamento.

Significa isso dizer que a incerteza é da essência da parceria. Então, se uma geada vem a destruir a plantação de café, ou se a falta de chuva faz fenecer a soja, ou se uma doença compromete a engorda dos bois, essas circunstâncias, que não seriam tidas em conta no arrendamento, têm influência decisiva na parceria. A álea é sempre presente.

Por isso já se decidiu que "a frustração com a *parceria* agrícola, com a rentabilidade da safra e com a não concretização das expectativas de ganho do produtor não enseja a aplicação da teoria da imprevisão ou a necessidade de prorrogação do vencimento do contrato, pois o risco é inerente à própria atividade agrícola" (TJMT, 2ª. Câm. Dir. Priv., Ap. 0006788-04.2008.8.11.0055, Rel. Des. Moraes Filho, j. 13.jul.2016).

Poderá o proprietário arrendar a terra e ter a certeza de lucrar, mas, diante da perspectiva de experimentar uma maior remuneração na parceria, prefere correr os riscos. Pode ganhar mais ou perder mais, ou pode nada ganhar. Optar entre uma forma e outra depende de quão disposto está o proprietário a correr os riscos.

Assentado que a nota distintiva entre arrendamento e parceria está na comutatividade do primeiro e na aleatoriedade da segunda, passa-se agora a examinar seus efeitos jurídicos. O art. 34 do Dec. 59.566/66 manda aplicar à parceria, no que couber, as regras sobre o arrendamento. Mas há normas peculiares a ela, conforme será visto a seguir.

3.2. PRAZO MÍNIMO

Determina a lei prazo mínimo de 3 anos para a parceria, independentemente da modalidade de exploração e do percentual que cabe a cada uma das partes. É o que resulta do art. 96, I, da Lei nº 4.505/64. No arrendamento, conforme foi visto, existem prazos diferenciados, segundo o tipo de exploração. Na parceria a liberdade contratual é menos limitada que no arrendamento e isso se explica por sua natureza de sociedade.

Na ocorrência de contrato sem cláusula de prazo, há a presunção de que ele foi feito por 3 anos (Dec. 59.566/66, art. 37). A presunção é relativa e pode ser elidida por contraprova, mas, de qualquer modo, dever-se-á observar o triênio, no mínimo. Logo, diante de contrato verbal, presumem-se 3 anos. Se a parte demonstrar contratação por 5 anos, prevalece este prazo; se demonstrar contratação por 2, permanecem os 3 anos.

3.3. REMUNERAÇÃO

Ao contrário do arrendamento, cujas leis determinam um único percentual máximo, da ordem de 15 ou 30 por cento, na parceria a questão da remuneração é complexa, pois existem vários percentuais possíveis. Isso decorre da natureza desse contrato, que, por se equiparar a uma sociedade, permite que a participação de cada parceiro varie segundo os riscos a que estão expostos.

O art. 96, VI, do Estatuto da Terra, com a redação que lhe deu a Lei nº 11.443/2007, fixa os percentuais máximos de que o parceiro-outorgante participa nos frutos e produtos da exploração econômica. Na dicção da lei, são "cotas" que ele recebe por ter cedido a posse da terra. Observa-se aqui outra diferença para com o arrendamento, que é pago em dinheiro, enquanto a parceria o é em frutos e produtos.

Examinando as alíneas daquele dispositivo, capta-se que o critério eleito pelo legislador para a divisão dos frutos é o do concurso econômico de cada um dos parceiros. O raciocínio é o seguinte: quanto maior for o investimento do parceiro, maior deverá ser sua cota na partilha dos frutos. De fato, não se pode dar àquele parceiro, que concorreu apenas com a terra nua, o mesmo percentual que se dá àquele que concorreu com a terra nua, as benfeitorias e o maquinário. Como este investiu mais, maior será sua cota.

Observem-se os percentuais que cabem ao parceiro-outorgante (regra geral proprietário da terra) na forma do art. 96, V, do Estatuto da Terra:

A) 20 por cento (alínea *a*), quando ele concorre apenas com a terra nua. Aqui, o parceiro-outorgado retém para si 80 por cento do resultado da produção, pois esta foi inteiramente viabilizada por ele, que teve de preparar a terra, adquirir sementes, utilizar maquinário próprio, adquirir e aplicar agrotóxicos e efetuar a colheita. Como o parceiro-outorgante nada faz senão entregar a posse, compreende-se por que sua cota na partilha seja baixa;

B) 25 por cento (alínea *b*), quando concorre ele com a terra preparada. A participação, nessa hipótese, é um pouco maior, porque o parceiro-outorgado, que retém para si 75 por cento do resultado da produção, apanhou terra já preparada para a exploração, resultado de atividade empreendida pelo proprietário;

C) 30 por cento (alínea *c*), quando concorre ele não só com a terra preparada, senão também com a moradia. Nessa hipótese, o parceiro-outorgante recebe a mais como uma contraprestação por ceder ao possuidor moradia no próprio imóvel. Este inciso tem sido pouco aplicado na prática, pois é costume que o possuidor resida no próprio imóvel emparceirado;

D) 40 por cento (alínea *d*), quando concorre ele com a terra preparada, além do conjunto básico de benfeitorias, como casa para moradia, galpões, depósitos, terreiro, secadores, currais, tulhas, mangueiras etc. O parceiro-outorgado retém apenas 60 por cento por ter recebido a terra com toda a estrutura destinada à viabilização da produção. Diferente seria se ele tivesse de instalar benfeitorias e acessões para produção, hipótese em que estaria diante das alíneas *a* e *b*;

E) 50 por cento (alínea *e*), quando concorre com a terra preparada, o conjunto básico de benfeitorias, máquinas e implementos agrícolas, sementes e animais de tração, ou, na hipótese de parceria pecuária, com animais de cria em número de cinquenta por cento dos animais objeto da parceria. Note-se: o percentual aumenta, porque aqui o parceiro-outorgante fornece sementes e maquinário de sua propriedade. É justo, portanto, que receba por essa cessão;

F) 75 por cento (alínea *f*), somente nas zonas de pecuária ultra-extensiva, quando ao menos 1/4 de todo o rebanho for composto de animais de cria e, ao mesmo tempo, as partes dividirem os lucros da atividade leiteira e o parceiro-outorgado receber 5 por cento de comissão sobre os animais que vier a vender. Como se vê, esta alínea só se aplica à pecuária e em grandes áreas de pastagem, onde se exerce atividade complexa de cria de animais.

Não há dúvida de que, na prática, a grande maioria dos contratos de arrendamento enquadra-se nas hipóteses D e E. O costume prevalente no Sul do Brasil é a divisão meio a meio, desde que o valor com a aquisição de agrotóxicos e fertilizantes seja suportado também meio a meio. Talvez seja por isso que a Lei nº 11.443/2007 acrescentou ao dispositivo sob comento o inciso VIII, a permitir que o parceiro-proprietário cobre do possuidor o valor daqueles produtos.

Registre-se que tais percentuais são limites, o que permite aos contratantes estabelecer outros índices, desde que não ultrapassem aqueles. Naqueles raros casos em que não houver fixação da cota que cabe ao parceiro-outorgante, esta será considerada no importe de 10 por cento sobre o valor da terra nua e das benfeitorias que compõem o imóvel (Dec. 59.566/66, art. 34, § 2o.).

3.4. FALSA PARCERIA

Da expressão "falsa parceria" já se deduz que não se trata de um contrato de parceria. Trata-se, na verdade, de um contrato que aparenta uma parceria, mas que, na verdade, mascara um contrato de trabalho.

Legalmente, tem-se uma simulação, circunstância que torna nulo o contrato, a teor do art. 167 do Código Civil.

A simulação é um negócio que aparenta ser um, mas que, na verdade, é outro. É contrato feito para se mostrar a todos com uma forma, quando, no fundo, é algo que não se quer revelar. No caso, o que realmente existe é um contrato de trabalho, mas as partes o apresentam como uma parceria. Por isso esse contrato é tido como falso.

O propósito da falsa parceria é isentar o proprietário da terra aos encargos trabalhistas e previdenciários. Ele toma por empregado o possuidor, mas o mostra como sócio. Redige-se o contrato agrário, mas, na verdade, o falso parceiro-outorgado recebe ordens e obriga-se a horário de trabalho, achando-se sujeito à discrição do proprietário. Isso caracteriza vínculo trabalhista.

Além da subordinação do falso parceiro ao proprietário, este estabelece que o pagamento se fará parte em dinheiro parte em produtos. Então, o parceiro- outorgante entrega ao parceiro-outorgado um percentual sobre a colheita e uma remuneração em dinheiro.

Três requisitos se exigem, portanto, para configurar a falsa parceria, a saber: (i) que o pagamento ao dito parceiro se dê parte em dinheiro parte em produtos; (ii) subordinação do parceiro-outorgado ao parceiro-outorgante, que assim dirige todos os trabalhos e (iii) assunção, pelo parceiro-outorgante, de todos os riscos do empreendimento (PACHECO: 1989, p. 1.159).

Contrato assim combinado é inválido e descaracteriza a parceria. Como consequência, o que faz o parceiro-outorgado, ao final do contrato, é ingressar com ação trabalhista contra o parceiro-outorgante e exigir, nos últimos 5 anos de trabalho, os direitos trabalhistas, como férias, FGTS, horas extras etc.

Com efeito.

> FALSA PARCERIA – É EMPREGADO E NÃO PARCEIRO AGRÍCOLA O TRABALHADOR DO EITO QUE APENAS AMANHÃ A TERRA, FICANDO NA DEPENDÊNCIA COMPLETA DE OUTRO PSEUDO PARCEIRO PARA SUA SOBREVIVÊNCIA E ATÉ PARA O DESENVOLVIMENTO DO EMPREENDIMENTO (TRT1, RO 1534-81, Rel. Juiz José Teófilo Vianna Clementino, j. 19.fev.1982).

Reconhecida judicialmente a nulidade do contrato e declarada a relação trabalhista, deverá o falso parceiro-outorgante responder pelos encargos oriundos da CLT.

4. DISPOSIÇÕES LEGAIS COMUNS AO ARRENDAMENTO E À PARCERIA

Já foi visto que as regras do arrendamento aplicam-se à parceria, exceto quando as normas legais desta dispuserem de modo diferente. Sendo assim, tais contratos têm soluções legais comuns, que podem ser estudadas uma só vez. Dentre as disposições comuns podem ser mencionadas (i) as hipóteses de extinção do contrato e (ii) a preferência na renovação e na venda. Vejam-se agora ambas.

4.1. EXTINÇÃO DO CONTRATO

Considera-se extinto o contrato agrário quando, por razões definidas em lei (Dec. 59.566/66, art. 26), e que serão abaixo apontas, cessam os direitos e deveres das partes contratantes. Vejam-se agora quais são elas.

A) CESSAÇÃO DO PRAZO

Atingido o prazo ajustado pelas partes, desde que obedeça ao tempo mínimo estudado nos itens anteriores, o contrato deixa de existir. É um desfecho esperado e previsto, tendo em vista que todo e qualquer contrato é temporário. Nos contratos agrários, contudo, vigora o que se costuma chamar "prorrogação tácita".

A prorrogação tácita ocorre quando, terminado o prazo contratual, as partes seguem no cumprimento das obrigações, quer dizer, o proprietário segue recebendo e o possuidor segue pagando. Quando o contrato agrário é tacitamente prorrogado, os direitos e obrigações seguem vigentes, mas o prazo se torna indeterminado. A renovação não significa, portanto, que novo prazo mínimo deva ser observado.

> Esta Corte possui entendimento no sentido de que "o Estatuto da Terra prevê a necessidade de notificação do arrendatário seis meses antes do término do prazo ajustado para a extinção do contrato de arrendamento rural, sob pena de renovação automática." (STJ, 3ª. Turma, REsp 1277085/AL, Rel. Ministro Villas Boas Cueva, j. 27.set.2016)

Assim, se um contrato para cultura de soja, com prazo de 3 anos, é tacitamente prorrogado, não é necessário novo prazo trienal. No caso, o prazo se estenderá até que os contratantes manifestem sua intenção de terminá-lo.

É necessário relembrar que os prazos dos contratos agrários não atingem seu fim enquanto houver no imóvel frutos ou produtos pendentes (Dec. 59.566/66, art. 21. § 3º.). Em tal caso, arrendatário ou parceiro-outorgado só serão obrigados a deixar o imóvel depois de ultimarem a safra a que deram início na vigência do contrato.

B) RETOMADA

Tem-se a retomada quando o proprietário da terra demonstra sua intenção de não prosseguir no contrato. Isso pode ser dar na vigência do contrato ou após o vencimento. A retomada imotivada, ou seja, aquela que não exige causa ou fundamento, só pode ocorrer após o vencimento do prazo ou de sua prorrogação, seja para uso do proprietário ou de filho seu. Mas, para isso, o proprietário deverá notificar por escrito o possuidor, dando conta de que o contrato será extinto.

É de grande importância assentar que o contrato agrário não pode cessar abruptamente. Como esse negócio tem natureza social, obriga a lei que a retomada do imóvel, pelo proprietário da terra (arrendante ou parceiro-outorgante) seja precedida de notificação. Por isso diz o art. 22, § 2º., do Dec. 59.566/66, que, pretendendo o proprietário retomar o imóvel, deverá enviar notificação escrita com 6 meses de antecedência.

Veja-se o que já foi decidido:

> A rescisão contratual de forma unilateral, sem a concessão de um prazo razoável, certamente surpreendeu o parceiro criador. A rescisão unilateral, além de frustrar a justa expectativa de direito por parte do parceiro criador, violou o princípio da boa-fé objetiva, especialmente porque o contrato, por prazo indeterminado, vinha sendo renovado anualmente, deixando o parceiro criador em situação de desamparo e manifesta desvantagem. Não havendo justo motivo para o rompimento do vínculo contratual, a resilição unilateral do vínculo jurídico, prescindia de uma prévia notificação, que possibilitasse um tempo razoável para que o parceiro criador pudesse se readequar a uma nova atividade (TJRS, 9ª. Câm. Cível. Ap. 70038988176, Rel. Des. Tasso Delabary, j. 23.mar.2011).

A notificação é formal e solene, pois deve ser escrita e remetida por Cartório, a fim de que não haja dúvidas de que o contratado realmente a recebeu. Enquanto não for notificado, o possuidor segue na posse da terra.

Sem embargo, podem arrendante e parceiro-outorgante exigir o imóvel na vigência do prazo contratual. Mas, para isso, necessária é a presença de uma causa legalmente prevista. É que se chama denúncia cheia ou imotivada, capaz de gerar o despejo. O despejo é a saída coercitiva da pessoa que ocupa um imóvel. Pode o proprietário, diante da recusa do arrendatário ou parceiro-outorgado, dirigir-se ao juiz e requisitar força policial para obter a desocupação. Para isso não se exige prévia notificação, bastando o ajuizamento da ação de despejo.

São causas motivadas para a retomada, dentre outras: abandono da lavoura, falta de pagamento dos aluguéis, infração de cláusula contratual, empréstimo não autorizado da terra pelo possuidor e término do contrato com desatendimento à notificação. Em todos esses casos, uma vez que o possuidor é que deu causa à retomada, ele responderá por eventuais perdas e danos suportados pelo proprietário (Dec. 59.566/66, art. 27).

C) CONSOLIDAÇÃO

Chama-se consolidação o ato pelo qual o arrendatário ou parceiro-agrícola adquirem a terra que possuem no contrato. Aqui, o contrato se extingue, pois as partes se confundem na mesma pessoa, sendo certo que não pode haver contrato consigo mesmo.

D) DISTRATO

Esta figura ocorre na vigência do contrato e caracteriza-se pela natureza bilateral (VILLAÇA AZEVEDO: 2009, p. 98). Ou seja, proprietário e possuidor ajustam que o contrato seja imediatamente extinto. É uma forma amigável de extinção do negócio, sendo também conhecida como "acordo" ou "acerto". Juridicamente o distrato tem o nome de "resolução", que é um sinônimo do distrato. A resolução parte da ideia de que nenhum dos contratantes deu causa ao fim do contrato e que, portanto, não existe indenização a ser paga.

A figura está prevista no art. 472 do Código Civil.

E) EXTINÇÃO DO DIREITO DO PROPRIETÁRIO

Essa hipótese se caracteriza quando o proprietário perde seu direito sobre a terra. Se não tem direito, não mais pode mantê-la em arrendamento ou parceria, o que faz com que o contrato seja extinto. Exemplo: o arrendante é usufrutuário e, como tal, dá em arrendamento a gleba. Terminado o prazo do usufruto, o arrendamento em curso se extingue.

Isso porque, no direito privado vigora o princípio de que ninguém pode transmitir mais direitos do que tem. Então, se o usufrutuário perdeu o direito à terra, seu arrendatário também o perde.

F) FORÇA MAIOR QUE IMPEDE A EXECUÇÃO DO CONTRATO

O que ocorre aqui é um evento imprevisto que, não sendo causado diretamente pelas partes, faz com que o contrato não possa mais ser cumprido. É muito importante registrar que a força maior só se caracteriza por acontecimentos externos às partes. Se o arrendatário, por exemplo, não ministra vacinação no gado e este vem a morrer, impossibilitando com isso o contrato, não se tem força maior, mas ato culposo.

São casos de força maior que impedem a continuidade do contrato: geada que destrói os cafeeiros; incêndio provocado por sem-terra que destroem os laranjais; febre aftosa, que compromete o gado etc.

G) PERDA DO IMÓVEL RURAL

A perda, aqui, significa que o imóvel não mais se mostra apto a suportar a atividade agrária. É um conceito de amplo espectro, pois a perda pode derivar de vários motivos. Um exemplo é o da invasão por sem-terra, que impede o arrendatário de seguir sua atividade. Também o confisco, no caso de plantas psicotrópicas, serve como exemplo. E outro exemplo pode ser o da contaminação do solo por produtos poluentes que afetam a fertilidade.

H) DESAPROPRIAÇÃO

A desapropriação é a perda do imóvel em virtude de indenização paga pelo Estado, seja por interesse social seja por necessidade ou utilidade pública. Seu efeito é a privação da propriedade, que no caso é transmitida do particular ao Estado.

A desapropriação extingue os contratos agrários sob dois fundamentos: (i) a perda da propriedade, pois o arrendante ou parceiro-outorgante não pode dispor do que não é seu e (ii) a supremacia do interesse público sobre o interesse particular.

4.2. PREFERÊNCIA NA RENOVAÇÃO

Examinadas as hipóteses de extinção dos contratos agrários, veja-se agora a solução jurídica para aqueles casos em que o contrato se extingue e o arrendatário ou parceiro-outorgado quer permanecer na posse do imóvel. A questão é regulada pelo art. 22 e parágrafos do Decreto 59.566/66.

A preferência ocorre quando duas ou mais pessoas estão disputando um mesmo direito e a lei opta por uma delas (SERPA LOPES: 1996, p. 342). Exemplo: se um condômino oferece em locação sua vaga de garagem no prédio, tem preferência sobre terceiros o condômino que mora no condomínio. No Direito Agrário tem preferência na renovação do contrato aquele que já está na posse da terra, ou seja, o arrendatário ou o parceiro-outorgado.

Imagine-se, então, que o arrendante ou parceiro-outorgante tenha encontrado propostas mais vantajosas para firmar novo contrato agrário. Se isso ocorrer, terão eles o dever de, 6 meses antes de findo o prazo contratual, notificar o possuidor, dando conta das propostas recebidas. A notificação é escrita e deve ser acompanhada de fotocópias das propostas, que também devem ser escritas. O ato é complexo e formal, portanto.

Notificado, poderá o possuidor tomar duas providências: (i) ou iguala a oferta do terceiro e com isso obtém a renovação do contrato pelo prazo que for combinado, ou (ii) não igualando a proposta, deixa o imóvel. Note-se: entre o terceiro que apresenta a proposta e o possuidor, a lei opta por este. Quem está na posse tem, portanto, tratamento privilegiado, sobrepondo-se a quem não está na posse.

Mas pode dar-se de o arrendatário ou parceiro-outorgado sequer serem notificados das propostas dos terceiros. Nesse caso, é de concluir que a preferência será daqueles, a menos, é claro, que o proprietário os tenha notificado para retomada para uso próprio, conforme foi visto no item anterior.

Uma questão muito discutida refere-se ao registro do contrato de arrendamento ou parceria como condição para o exercício da preferência. É que, no Direito Civil, existe o princípio da publicidade. Os direitos reais, como a propriedade, o usufruto e a posse, só valem contra terceiros se o respectivo contrato estiver registrado na matrícula do imóvel. Em tese, portanto, o arrendatário ou parceiro só teriam preferência se o contrato de arrendamento ou parceria estivessem registrados na matrícula do imóvel.

Mas não é assim que nossos tribunais vêm entendendo. Veja-se: "Consoante o pacificado entendimento desta Corte, não se faz necessário o registro do contrato de arrendamento na matrícula do imóvel arrendado para o exercício do direito de preferência" (STJ, 3ª. Turma, REsp. 1148153, Rel. Min. Paulo Sanseverino, j. 20.mar.2012).

Consequentemente, é de concluir que, à luz da jurisprudência, não é necessário que o contrato se encontre registrado para que o arrendatário/parceiro possa exercer a preferência na renovação.

4.3. PREFERÊNCIA NA COMPRA

A par da preferência na renovação, arrendatário e parceiro-outorgado também a têm nos casos de alienação do imóvel que possuem. O vocábulo "alienação" designa qualquer ato de disposição do bem, como doação, permuta e compra e venda. Mas, no caso da preferência dos contratos agrários, ela só existe nas hipóteses de venda. Logo, entre o terceiro que quer comprar a terra e aquele que a possui, a lei prefere a este. É o que está nos arts. 45 a 47 do Dec. 59.566/66.

De fato, pretendendo o arrendante ou parceiro-outorgante vender o imóvel, deverão notificar de sua intenção o arrendatário ou parceiro-outorgado, fazendo-o por escrito e dando-lhe o prazo de 30 dias para que manifeste ou não sua intenção de adquirir a propriedade. Se houver propostas de terceiros, cumprirá ao proprietário anexar à notificação os detalhes das propostas, como preço, prazos de pagamento etc.

Notificado, poderá o possuidor tomar dois caminhos: (i) ou igualar as condições das propostas oferecidas e com isso tornar-se proprietário do bem; (ii) ou liberá-lo para a venda, caso em que o proprietário estará livre para aliená-lo a quem lhe aprouver. O silêncio do possuidor, que deixa de responder a notificação, autoriza o proprietário a vender. Aplica-se aqui a regra de que "quem cala consente".

Problema acontece quando o proprietário vende o imóvel sem prévia notificação ao possuidor. Nessa hipótese, pretendendo o possuidor adquirir o bem, deverá efetuar o depósito judicial pelo qual ele foi vendido e ingressar com ação de adjudicação compulsória, desde que o faça no prazo de 6 meses contados da venda. A ação de adjudicação compulsória cabe àquele que, tendo direito real de adquirir um bem, é preterido em favor de um terceiro. Feito o depósito do valor da venda, em favor do terceiro, o juiz entrega a propriedade à pessoa preterida.

A preferência na compra resulta do fato de arrendatário e parceiro-outorgado estarem na posse do imóvel.

4.4. INDENIZAÇÃO E RETENÇÃO POR BENFEITORIAS

É muito comum nos meios rurais que o possuidor introduza benfeitorias no imóvel explorado. Consideram-se benfeitorias os melhoramentos que determinado possuidor faz num bem móvel ou imóvel, com o propósito de conservá-lo, aumentar sua utilidade ou torná-lo mais agradável. As benfeitorias agregam valor ao bem, de modo que, quando o proprietário retoma a posse, ele recebe o bem por um valor maior do que quando o transmitiu.

Surge então a questão: se o possuidor fez benfeitorias em coisa que não é sua, valorizando-a, será ele indenizado ou não pelos gastos respectivos? Encontra-se a resposta no art. 25 e seus §§ do Decreto 59.566/66. Segundo essa disposição, deverá o arrendatário ser indenizado pelas benfeitorias necessárias e úteis que fizer no imóvel, assim como pelas voluptuárias expressamente autorizadas pelo proprietário.

Benfeitorias necessárias são aquelas imprescindíveis para a conservação do imóvel. Se elas não são feitas, o imóvel começa a se deteriorar. Troca de telhas carregadas pelo vento; substituição de cercas derrubadas por animais e reparo da bomba d'água são alguns exemplos. Úteis são as benfeitorias que, não sendo imprescindíveis para a conservação do imóvel, aumentar sua funcionalidade. Aplicação de calcário, abertura de poço artesiano e de carreador são seus exemplos. Voluptuárias são as que se prestam para luxo ou deleite do possuidor e em nada influenciam na produtividade do imóvel. A piscina é o exemplo clássico.

Diante disso, cessado o prazo contratual, cumprirá ao proprietário indenizar o possuidor pelas benfeitorias que fez. As úteis e necessárias, como se viu, não exigiam prévia autorização, ao contrário das voluptuárias, que somente se indenizam se previamente autorizadas. Para receber a indenização, imprescindível que o possuidor produza a prova dos gastos respectivos, mediante recibos, notas fiscais etc.

Interessante notar que, nas locações de imóveis urbanos residenciais, pois só se indenizam as benfeitorias necessárias. As úteis e necessárias só serão indenizadas se feitas de boa-fé, ou seja, com a autorização do proprietário (Lei nº 8.245/91, arts. 34 e 35).

Além do direito à indenização, tem o possuidor o poder de retenção enquanto as benfeitorias não lhe forem indenizadas. A retenção é o direito que assiste ao possuidor de conservar-se na posse do bem enquanto não for indenizado pelas benfeitorias nele introduzidas. Assim, se ele for demando em Juízo para desocupar o bem, só o fará após a indenização.

Enquanto permanecer no imóvel usufruirá de todos os direitos oriundos do arrendamento ou parceria (COSTA: 1993, p. 57).

Com as benfeitorias encerra esta obra o estudo dos contratos agrários típicos.

5. CONTRATOS AGRÁRIOS ATÍPICOS

Inicia-se agora o estudo dos contratos agrários atípicos, que, como se viu, são aqueles que, embora reconhecidos como legítimos pela sociedade e praticados por ela, não encontram previsão legal. Relembre-se, *ab initio*, que a falta de previsão legal não prejudica a validade do contrato, sendo certo que, em nome do princípio da autonomia privada, é livre a pessoa para criar o contrato que quiser, desde que não ofenda a lei.

Conforme foi apontado, quatro são os contratos agrários atípicos comumente praticado: (i) o "fica", (ii) a hospedagem de animais, (iii) o contrato de pastoreio e (iv) o comodato rural. Além deles, será abordada uma espécie tida como ilegal, mas ainda praticada, que é o contrato de "vaca-papel".

5.1. CONTRATO DO "FICA"

Esta modalidade, que tem nome singular, é assim chamada porque, ao findar o acordo de vontades, os contratantes costumam dizer: "fica combinado assim? Fica!" À falta de denominação melhor, consagrou-se o emprego do termo. O contrato em apreço nasceu no Pantanal mato-grossense, vinculado ao transporte de animais. É, portanto, contrato agrário que se restringe à pecuária.

Como se sabe, o transporte de gado naquela região, durante muito tempo, foi realizado por meio de "comitivas". O gado seguia a pé até o destino, conduzido por peões montados a cavalo. Podia dar-se de um animal adoecer na travessia ou então de o percurso ser interrompido por causas naturais. Em casos como esse, não sendo possível prosseguir, combinava-se com o dono da fazenda mais próxima o acolhimento do animal ou animais até que eles pudessem prosseguir viagem.

A propósito, ouça-se a canção "Comitiva Esperança", composta por Almir Sater e cantada por Sérgio Reis. Sua letra oferece noções sobre o que sejam as comitivas no Pantanal.

O "fica" se aproxima de um contrato de depósito. Depósito é o contrato por força do qual o depositário recebe coisa alheia móvel para ser custeada, ministrando-lhe os cuidados e dispensando-lhe o zelo necessários. Um exemplo é o estacionamento de veículos. O dono da garagem se obriga a custodiar o carro até o retorno do dono.

No "fica", o fazendário depositário obriga-se a fornecer alimento ao animal e, se necessários outros cuidados, como vacina e veterinário, também são de sua responsabilidade. O preço do contrato é de livre combinação entre as partes, mas aqui não há prazo nem remuneração mínimos.

O contrato do fica é usado também em outro sentido, ainda nas pastagens do Mato Grosso. O contrato do "fica" designa também o negócio em que o adquirente do gado, antes mesmo de pagar por ele, já entra na sua posse, ficando como depositário até que pague o preço (BRASIL: BDI, no. 11, 2001).

Nos dois sentidos o que se tem é verdadeiro contrato de depósito, cujos direitos e obrigações repousam nos arts. 627 e seguintes do Código Civil.

5.2. CONTRATO DE HOSPEDAGEM DE ANIMAIS

Outro contrato atípico, semelhante ao "fica", a hospedagem de animais tem também a natureza jurídica de um depósito. Existem hoje, para os mais variados fins, empresas especializadas no trato e acompanhamento de animais. Um exemplo está na criação de avestruzes, que exige técnicas e condutas especialíssimas, como controle da temperatura ambiental, higienização diária dos ovos etc. Não tendo o criador técnicas, condições ou paciência para fazer sozinho o desgastante trabalho, prefere atribuí-lo à empresa.

É, como se vê, uma mescla entre prestação de serviços e depósito. Primeiro, porque a empresa se obriga a viabilizar as técnicas que levarão ao nascimento dos filhotes; segundo, porque ela se obriga também a zelar pela integridade das matrizes durante a internação. Destarte, pode este negócio ser conceituado como o contrato por meio do qual alguém, mediante remuneração livremente pactuada, recebe animais para custódia, reprodução e acompanhamento.

Em relação à remuneração, ela é geralmente paga em dinheiro, mas é comum que as partes convencionem um percentual sobre a produção. No caso dos avestruzes, é possível que o pagamento se dê mediante partilha dos ovos que vingaram.

Não há prazos mínimos nem limites de remuneração. Vigora aqui o princípio da autonomia privada.

5.3. CONTRATO DE PASTOREIO OU INVERNAGEM

Este é outro dos contratos atípicos que se aplica somente à criação de animais. Nessa modalidade contratual, "o proprietário da terra recebe os animais para nela pastorarem em troca do pagamento de uma taxa mensal, fixada por cabeça" (COELHO: 2015, s. p.).

Como se percebe, há semelhanças com o arrendamento e o "fica", mas não se pode confundi-los. A diferença para com o arrendamento é palpável, porque nele existe uma locação de espaço para que o proprietário dos animais explore sua atividade, enquanto no pastoreio quem cuida dos animais é o dono da terra onde eles se instalam. Então, no primeiro, paga-se para usar a terra; no segundo, paga-se para engordar os animais. Há igualmente diferenças para com o "fica", porque neste não existe outra obrigação senão a de zelar pela integridade do animal, enquanto no pastoreio a atividade-fim é a engorda.

Este contrato, como os demais contratos agrários atípicos, não obedece a prazos mínimos nem tem limite de remuneração. Geralmente executado nos meses mais frios do ano, em que escasseiam os pastos disponíveis, dificilmente ele se prolonga por mais de um ano. Quanto ao preço, o costume nas regiões de pastoreio é o de fixar uma quantia em dinheiro, a incidir sobre o número de cabeças entregues.

5.4. CONTRATO DE COMODATO RURAL

Por definição legal, comodato é o contrato de empréstimo gratuito de coisas infungíveis (Código Civil, art. 579). Coisa infungível é a que não pode ser substituída por outra. Assim, se alguém empresta ao amigo determinado automóvel, não pode o amigo devolver outro automóvel, ainda que mais valioso seja. Então, se o produtor rural empresta ao vizinho um trator, este, e não outro, é que será devolvido. Ao contrário, se a coisa é fungível, ou seja, se ela pode ser substituída por outra, como soja ou fertilizantes, tem-se um contrato de mútuo.

Consequentemente, duas são as características do comodato rural: (i) infungibilidade do objeto e (ii) gratuidade. Se o empréstimo é oneroso, ou seja, se quem recebeu a coisa tem que pagar pelo uso, tem-se locação de coisas. O comodato é típico no Direito Civil, mas não o é no

Direito Agrário, pois nem a Lei nº 4.504/64 nem o Dec. 59.566/66 fazem menção a ele.

O comodato rural pode incidir em móveis (trator, maquinário etc) ou imóveis (pastagem). Quando se faz um comodato da terra, adquire o comodatário a posse sobre ela, para o fim de exercer atividade agrária. Nenhuma remuneração é devida ao proprietário da terra, o que revela que tal contrato tem como causa a liberalidade ou espírito de cooperação entre pessoas.

Como possuidor que é, obriga-se o comodatário a conservar o imóvel como se fosse seu, empregando o zelo e a diligência necessários para conservar a propriedade. As despesas de conservação, como contas de energia elétrica e ITR (Imposto Territorial Rural) ficam ao seu cargo. A única obrigação do comodante (proprietário), por outro lado, é de entregar o imóvel ao comodatário.

Não existe também prazo mínimo, pois ausente previsão legal.

Disposição interessante está no parágrafo do art. 471 do Código Civil, aplicável ao contrato de comodato: "Se, porém, dada a natureza do contrato, uma das partes houver feito investimentos consideráveis para a sua execução, a denúncia unilateral só produzirá efeito depois de transcorrido prazo compatível com a natureza e o vulto dos investimentos".

O dispositivo se refere ao termo final do contrato de comodato. Imagine-se que um pecuarista tenha emprestado um touro de raça para um amigo expor numa feira agropecuária. Ocorrendo de o amigo fazer investimentos para expor o animal, o comodante só poderá retomar a posse quando tiver decorrido prazo razoável para que o investidor tenha recuperado o valor que investiu na exposição.

5.5. CONTRATO DE "VACA-PAPEL"

Como foi aqui afirmado, este contrato não é lícito (CC, art. 167), porque é uma forma de simulação. Ele é aqui estudado por ser relativamente frequente nos meios pecuários, devendo ser por isso conhecido do leitor. A simulação, como já foi também registrado, é a prática destinada a ocultar a realidade, de forma a esconder um fato que não se quer mostrar.

O contrato de vaca-papel vem geralmente disfarçado de parceria pecuária. Quem o vir, concluirá que o proprietário de vacas entrega-as em parceria por um determinado prazo, para depois serem devolvidas com dado número de bezerros. Mas, na verdade, nada se entrega senão dinheiro e nada se devolve a não serem os juros e o dinheiro emprestado.

Dito em outros termos, o que as partes celebram é um contrato de mútuo (empréstimo de dinheiro), com a obrigação de devolver o capital acrescido dos juros. Logo, as vacas representam o dinheiro emprestado, enquanto os bezerros representam os juros. Disso se recolhe o nome "vaca-papel". Como os contratantes querem disfarçar a realidade, apresentam a todos a parceria, mas entre eles vigora o empréstimo.

Ora, mas por que esconder a realidade?

Imagine-se que determinado produtor rural esteja em dificuldades para obter dinheiro e se veja obrigado a emprestá-lo de algum pecuarista. Este não o emprestará a não ser com juros acima do limite mensal, que é de 1 por cento. Logo, o que se faz é a prática da usura, vulgarmente conhecida como agiotagem, proibida pelo Decreto 22.626/33 e que pode gerar uma pena de até 2 anos de cadeia.

O Dec. 22.626/33 proíbe que os particulares emprestem dinheiro e cobrem juros acima de 1 por cento ao mês. Quem assim age é tido como agiota. Todavia, essa proibição não atinge os bancos e instituições financeiras, que, pela Lei nº 4.595/64, podem cobrar juros livremente, alguns dos quais, no caso de dívida no cartão de crédito, ultrapassem a 12 por cento ao mês.

Assim sendo, é óbvio que o mutuante (quem dá em empréstimo o dinheiro) não se exporá redigindo contrato e confessando a usura. O contrato de parceria é o meio pelo qual se obtém o disfarce. O que acontece é que, computando o preço das vacas e o dos bezerros, resulta que o dinheiro emprestado rende juros muito maiores que 1 por cento ao mês, podendo chegar a 4 ou 5 por cento, em evidente prejuízo ao mutuário, que se sujeitou ao negócio porque precisava do capital.

Por tais razões é que o "vaca-papel" é tido como ilegal. Mas o mutuário deverá restituir o dinheiro que recebeu acrescido de 1 por cento ao mês e correção monetária.

Veja-se o que decidiu STJ: "Possível a um dos contratantes buscar a anulação de contrato de parceria pecuária que, na verdade, representa, na dicção do Tribunal, um mútuo com cláusulas usurárias, comumente denominado "vaca-papel" (STJ, 4ª. Turma, REsp. 595766/SP, Rel. Aldir Passarinho Jr., j. 15.abr.2010).

Com tais explicações termina o exame dos contratos agrários típicos e atípicos.

ANEXO 1

CONTRATO PARTICULAR DE ARRENDAMENTO RURAL

Pelo presente instrumento e na melhor forma de direito, de um lado, JOÃO DA SILVA, brasileiro, casado, agricultor, residente e domiciliado em Cascavel, Estado do Paraná, na Rua Minas Gerais, 787, com RG 3.333.333-3-PR e CPF- MF 000.000.000-00, aqui denominado ARRENDANTE e, de outro lado, JOSÉ FERREIRA, brasileiro, casado, agricultor, residente e domiciliado em Corbélia, Estado do Paraná, na Rua das Flores, 111, com RG 4.444.444-4-PR e CPF-MF 111.111.111-11, aqui denominado ARRENDATÁRIO, celebram o presente Contrato de Arrendamento Rural, regido pela Lei nº 4.504/64 e pelo DL 56.599/66, conforme as condições a seguir alinhadas.

CLÁUSULA PRIMEIRA: O arrendante é titular da posse e da propriedade da área constituída pelo Lote de Terras 34, localizado no Município de Corbélia, com superfície física de 40 alqueires de padrão paulista, sem qualquer benfeitoria, objeto da Matrícula 34.456 do Cartório de Registro de Imóveis da Comarca de Corbélia. Não pesa sobre o imóvel qualquer direito real de garantia ou **ônus** reais.

CLÁUSULA SEGUNDA: O arrendante entrega ao arrendatário a posse direta, plena e exclusiva sobre a referida área, para nela ser exercida atividade de produção de grãos, consistente em soja, trigo e milho, sendo vedada a exploração de qualquer outra cultura ou atividade pecuária.

CLÁUSULA TERCEIRA: O arrendatário poderá ingressar na posse do imóvel na data da assinatura deste instrumento, cumprindo a ele zelar do bem como se seu fosse realizando atividades compatíveis com a exploração econômica, conservando os recursos naturais e comunicando o arrendante de qualquer ato de esbulho ou turbação.

CLÁUSULA QUARTA: Fica proibida a cessão da posse a qualquer título, o que inclui o subarrendamento, a locação, a parceria e o comodato. Na hipótese de cessão da posse pelo arrendatário, este contrato será tido como rescindido.

CLÁUSULA QUINTA: Nenhuma benfeitoria seria indenizada ao arrendatário a não ser se autorizada pelo arrendante. Na hipótese de o arrendatário contratar serviçais para o desempenho de suas tarefas, toda responsabilidade civil, criminal e trabalhista será atribuída a ele.

CLÁUSULA SEXTA: O prazo do presente contrato é de 3 anos, com termo inicial na assinatura deste instrumento, podendo ser prorrogado por iniciativa das partes ou nas hipóteses legais.

CLÁUSULA SÉTIMA: Pagará o arrendatário, a título de aluguel, o importe anual de 20 mil reais líquidos, sempre no dia 10 de dezembro, em conta bancária cujos dados lhe serão fornecidos. O atraso no pagamento sujeitará o arrendatário a multa de 10 por cento, mais juros e correção monetária. Poderá o arrendante aceitar o pagamento mediante equivalente em produtos da lavoura, os quais serão depositados em lugar a ser indicado.

CLÁUSULA OITAVA: Todos os insumos e despesas de custeio serão de responsabilidade do arrendatário, aqui incluídos os agrotóxicos, maquinários, fertilizantes etc.

CLÁUSULA NONA: O foro do presente contrato **é** o da Comarca de Cascavel.

Achando-se de acordo com as disposições ora lavradas, assinam o presente instrumento em duas vias de igual teor e forma.

Londrina, 22 de março de 2023.

____

JOÃO DA SILVA

____

JOSÉ FERREIRA

TESTEMUNHAS

1).

2).

ANEXO 2

CONTRATO PARTICULAR DE PARCERIA AGRÍCOLA

Pelo presente instrumento e na melhor forma de direito, de um lado, SEBASTIÃO CASEMIRO, brasileiro, casado, agricultor, residente e domiciliado em Cascavel, Estado do Paraná, na Rua Minas Gerais, 787, com RG 3.333.333-3-PR e CPF-MF 000.000.000-00, aqui denominado PARCEIRO OUTORGANTE e, de outro lado, WALDOMIRO PRESTES, brasileiro, casado, agricultor, residente e domiciliado em Corbélia, Estado do Paraná, na Rua das Flores, 111, com RG 4.444.444-4-PR e CPF-MF 111.111.111-11, aqui denominado PARCEIRO OUTORGADO, celebram o presente Contrato de Arrendamento Rural, regido pela Lei nº 4.504/64 e pelo DL 56.599/66, conforme as condições a seguir alinhadas.

CLÁUSULA PRIMEIRA: O parceiro outorgante é titular da posse e da propriedade da área constituída pelo Lote de Terras 23, localizado no Município de Braganey, com superfície física de 40 alqueires de padrão paulista, sem qualquer benfeitoria, objeto da Matrícula 34.441 do Cartório de Registro de Imóveis da Comarca de Corbélia. Não pesa sobre o imóvel qualquer direito real de garantia ou **ônus** reais.

CLÁUSULA SEGUNDA: O parceiro outorgante entrega ao parceiro outorgado a posse direta, plena e exclusiva sobre a referida área, para nela ser exercida atividade de produção de grãos, consistente em soja, trigo e milho, sendo vedada a exploração de qualquer outra cultura ou atividade pecuária.

CLÁUSULA TERCEIRA: O parceiro outorgado poderá ingressar na posse do imóvel na data da assinatura deste instrumento, cumprindo a ele zelar do bem como se seu fosse realizando atividades compatíveis com a exploração econômica, conservando os recursos naturais e comunicando ao parceiro outorgante qualquer ato de esbulho ou turbação.

CLÁUSULA QUARTA: Fica proibida a cessão da posse a qualquer título, o que inclui o subarrendamento, a locação, a parceria e o comodato. Na hipótese de cessão da posse pelo parceiro outorgado, este contrato será tido como rescindido.

CLÁUSULA QUINTA: Nenhuma benfeitoria seria indenizada ao parceiro outorgado a não ser se autorizada pelo parceiro outorgante. Na hipótese de o primeiro contratar serviçais para o desempenho de suas tarefas, toda responsabilidade civil, criminal e trabalhista será atribuída a ele.

CLÁUSULA SEXTA: O prazo do presente contrato é de 3 anos, com termo inicial na assinatura deste instrumento, podendo ser prorrogado por iniciativa das partes

CLÁUSULA SÉTIMA: Pagará o parceiro outorgado, a título de aluguel, o importe de 60 por cento sobre os frutos auferidos, mediante depósito dos grãos na unidade Cascavel da Cooperativa COROL. O atraso no pagamento sujeitará o parceiro outorgado a multa de 10 por cento, mais juros e correção monetária.

CLÁUSULA OITAVA: Os insumos e despesas de custeio serão de responsabilidade do parceiro outorgado, aqui incluídos os maquinários, fertilizantes etc. Todavia, o parceiro outorgante contribuirá com 50 por cento dos valores referentes aos agrotóxicos.

CLÁUSULA NONA: O foro do presente contrato é o da Comarca de Cascavel.

Achando-se de acordo com as disposições ora lavradas, assinam o presente instrumento em duas vias de igual teor e forma.

Londrina, 22 de março de 2023

____

SEBASTIÃO CASEMIRO

____

WALDOMIRO PRESTES

TESTEMUNHAS

1).

2).

ANEXO 3

CONTRATO DE HOSPEDAGEM DE ANIMAIS

Pelo presente instrumento e na melhor forma de direito, JOÃO DE SÁ, brasileiro, casado, pecuarista, residente e domiciliado em Londrina, PR, na Rua dos Girassóis, 333, Parque Bela Manhã, com RG 2222.222-2-PR e CPF-MF 888.888.988-88, neste ato chamado CONTRATANTE e, de outro, EMPRESA DE EMBRIÕES E REPRODUÇÃO ANIMAL ALTO ALEGRE (EBRA), pessoa jurídica de direito privado com sede em Presidente Prudente, SP, com CNPJ 09.400-988-0000/01, neste ato chamada CONTRATADA, celebram o presente Contrato de Hospedagem, cujas cláusulas vêm a seguir.

CLÁUSULA PRIMEIRA: O contratante mantém em seu plantel no Município de Londrina 12 avestruzes fêmeas com capacidade reprodutiva, os quais se encontram em plenas condições de saúde, devidamente atestadas por veterinário.

CLÁUSULA SEGUNDA: Pelo presente instrumento, o contratante transfere a posse dos animais à contratada, que os hospedará em suas instalações, na Rua Coronel Marcondes, 767, em Presidente Prudente. Por conta e risco do contratante correrá o transporte até aquela localidade.

CLÁUSULA TERCEIRA: A contratada se compromete a viabilizar a reprodução dos animais, empregando reprodutores de seu plantel, cumprindo a ela escolher os reprodutores que julgar conveniente.

CLÁUSULA QUARTA: O prazo do presente contrato é de 1 ano, contado da entrega dos animais na sede da contratada. Três meses após o fim do prazo, o contratante apanhará as matrizes e respectivas crias.

CLÁUSULA QUINTA: A contratada zelará pela integridade dos animais, ministrando-lhes todos os cuidados necessários a seu conforto e saúde, incluindo veterinário, medicação e alimentação.

CLÁUSULA SEXTA: Pagará o contratante o importe de 5 mil reais na data da assinatura deste instrumento. Ao final do prazo, a contratada ficará com metade das crias que vingarem, entregando ao contratante a outra metade. A entrega ocorrerá 3 meses após o nascimento das crias.

Achando-se de acordo com as disposições aqui lavradas, assinam o presente instrumento.

Londrina, 22 de março de 2023

____

JOÃO DE SÁ

____

EBRA (POR SEU PREPOSTO)

TESTEMUNHAS

1).

2).

ANEXO 4

CONTRATO DE PASTOREIO

Pelo presente instrumento e na melhor forma de direito, ROMULO AUGUSTO DE CERQUEIRA MARQUESI, brasileiro, casado, pecuarista, residente e domiciliado em Londrina, PR, na Rua das Casas, 001, Parque do Sol, com RG 2322.222-2-PR e CPF-MF 889.888.988-88, neste ato chamado CONTRATANTE e, de outro, LIA NARA GOUVEIA PITTA, brasileira, casada, advogada, residente e domiciliada em Arapongas, PR, na Rua Colibri, 000, com RG 9898.987-3 e CPFMF 666.666.666-0-, neste ato chamada CONTRATADA, celebram o presente *Contrato de Aluguel de Pasto*, cujas cláusulas vêm a seguir.

CLÁUSULA PRIMEIRA: A contratada é proprietária da área de terras sob n. 345, com extensão total de 50 alqueires em pastagem, localizada em Arapongas, objeto da Matrícula 34.567 do CRI de Arapongas.

CLÁUSULA SEGUNDA: A contratada aluga ao contratante uma área equivalente a 18 alqueires daquele imóvel, permitindo ao contratante alojar até 10 touros da raça Guzerá, de sua propriedade, cujo transporte correrá por conta e risco dele.

CLÁUSULA TERCEIRA: Os animais serão mantidos pelo contratante, que diariamente, pessoalmente ou por empregado, adentrará ao imóvel para cuidados de alimentação, medicação etc. Nenhuma despesa será imputada à contratada.

CLÁUSULA QUARTA: O prazo deste contrato é de 3 meses, contados do dia de sua assinatura. Findo o prazo, o contratante apanhará os animais, correndo por conta e risco o transporte.

CLÁUSULA QUINTA: Pagará pelo aluguel o contratante a quantia mensal de

1.000 reais (mil reais), até a efetiva retirada dos animais.

Achando-se de acordo com as disposições ora lavradas, assinam o presente instrumento.

Londrina, 22 de março de 2023

____

ROMULO AUGUSTO DE CERQUEIRA MARQUESI

LIA NARA GOUVEIA PITTA

TESTEMUNHAS

1).

2).

ANEXO 5

CONTRATO DE COMODATO RURAL

Pelo presente instrumento e na melhor forma de direito, ROMULO AUGUSTO DE CERQUEIRA MARQUESI, brasileiro, casado, pecuarista, residente e domiciliado em Londrina, PR, na Rua das Casas, 001, Parque do Sol, com RG 2322.222-2-PR e CPF-MF 889.888.988-88, neste ato chamado CONTRATANTE

e, de outro, LIA NARA GOUVEIA PITTA, brasileira, casada, advogada, residente e domiciliada em Arapongas, PR, na Rua Colibri, 000, com RG 9898.987-3 e CPFMF 666.666.666-0-, neste ato chamada CONTRATADA, celebram o presente *Contrato de Comodato Rural*, cujas cláusulas vêm a seguir.

CLÁUSULA PRIMEIRA: A contratada é proprietária da área de terras sob n. 345, com extensão total de 50 alqueires em pastagem, localizada em Arapongas, objeto da Matrícula 34.567 do CRI de Arapongas.

CLÁUSULA SEGUNDA: A contratada empresta ao contratante uma área equivalente a 18 alqueires daquele imóvel, permitindo ao contratante alojar até 6 vacas da raça Charolês, de sua propriedade, cujo transporte correrá por conta e risco dele.

CLÁUSULA TERCEIRA: Os animais serão mantidos pelo contratante, que diariamente, pessoalmente ou por empregado, adentrará ao imóvel para cuidados de alimentação, medicação etc. Nenhuma despesa será imputada à contratada.

CLÁUSULA QUARTA: O prazo deste contrato é de 3 meses, contados do dia de sua assinatura. Findo o prazo, o contratante apanhará os animais, correndo por conta e risco o transporte.

Achando-se de acordo com as disposições ora lavradas, assinam o presente instrumento.

Londrina, 22 de março de 2023

____

ROMULO AUGUSTO DE CERQUEIRA MARQUESI

____

LIA NARA GOUVEIA PITTA

TESTEMUNHAS

1).

2).

CAPÍTULO 4

POLÍTICA AGRÍCOLA

INTRODUÇÃO

As linhas adiante escritas pretender lançar algumas luzes sobre o problema da Política Agrícola, tema que guarda grande relação de proximidade com o agronegócio. A proximidade pode ser identificada não apenas na lei, eis que política agrícola e política agrária são tratadas no mesmo capítulo da Constituição Federal, mas também porque os mecanismos da primeira são formas de promoção do agronegócio. Isso justifica o estudo do tema e sua inserção no presente livro.

1. CONCEITO

A Política Agrícola brasileira está disciplinada em cinco artigos da Constituição Federal, os arts. 187 a 191. Não se trata de dispositivos autossuficientes, bastantes para serem aplicados por si próprios. Ao contrário, demandam legislação complementar, na qual eles possam ser regulamentados. Tem-se, portanto, um sistema complexo, composto de várias leis que se conjugam para normatizar os rumos da política em questão. A principal dessas leis é a 8.171/1991, chamada "Lei da Política Agrícola" (LPA).

Pode-se conceituar a Política Agrícola (PA) como o conjunto de providências de ordem legal, social, econômica e ambiental destinadas a estimular o setor agropecuário, intervindo na ordem privada para definir projetos e determinar ações.

Na visão de José Helder Benatti e outros (2010, p. 300), a Política Agrícola é "o conjunto das ações estatais que direta ou indiretamente visem ao cumprimento das disposições constitucionais e legais no que se refere 'à atividade agrícola', os quais visam ao desenvolvimento desta atividade, com vistas a incentivar o incremento da produção agrícola, do desenvolvimento do setor rural, da valorização do homem do campo e do meio ambiente".

À luz dessa definição, é possível conceituar a Política Agrícola como o conjunto de providências de ordem legal, social, econômica e ambiental destinadas a estimular o setor agropecuário, intervindo na ordem privada para definir projetos e determinar ações.

Na dicção do art. 187, "a política agrícola será planejada e executada na forma da lei, com a participação efetiva do setor de produção, envolvendo produtores e trabalhadores rurais, bem como dos setores de comercialização, de armazenamento e de transportes".

Desse conceito recolhem-se algumas conclusões: (i) a PA envolve ações de planejamento e de execução; (ii) a PA submete-se ao princípio da participação, por força do qual a sociedade toda, e não só o produtor rural, é responsável pela questão agropecuária; (iii) a PA é um conceito amplo, pois, na prática, envolve desde a etapa de produção até a de logística, como o transporte e exportação de *commodities.*

É fato notório que a economia do Brasil repousa em grande parte nos setores primários. No primeiro trimestre de 2017, enquanto o PIB cresceu cerca de 1 por cento, o setor agropecuário comemorou uma alta de 13,4 por cento (TAMA: 2017, s.p.). No ano de 2017 o País colheu safra recorde, da ordem de 232 milhões de toneladas de grãos (CONAB: 2018, s.p.). Já em 2022 foram 312 milhões de toneladas colhidas (CONAB: 2022, s.p.).

Os números impressionam e são suficientes para demonstrar a importância de que se reveste a agropecuária no Brasil. Justifica-se, portanto, a presença de uma PA expressa em dispositivos da própria Constituição.

2. INSTRUMENTOS DA POLÍTICA AGRÍCOLA

Sendo certo que a PA é um conjunto de meios por força dos quais o Estado planeja e executa ações de promoção no setor primário da economia, passa-se agora ao exame de cada um dos mecanismos dispostos na Constituição. São nove os mecanismos previstos nos arts. 187 a 191, a saber:

2.1. INSTRUMENTOS CREDITÍCIOS E FISCAIS

Essa expressão abrange dois conceitos, o crédito e os tributos. O primeiro identifica-se com a política de financiamento do setor agropecuário por instituições financeiras públicas ou particulares. De fato, linhas de crédito devem ser obrigatoriamente abertas ao produtor e a todos aqueles que participam da cadeia do agronegócio, como o armazenador, o fabricante de insumos e o transportador, por exemplo.

Deveras, diz o art. 48 da LPA: "o crédito rural, instrumento de financiamento da atividade rural, será suprido por todos os agentes financeiros sem discriminação entre eles, mediante aplicação compulsória, recursos próprios livres, dotações das operações oficiais de crédito, fundos e quaisquer outros recursos".

Um exemplo de instrumento de crédito está na Lei nº 11.524/2007, que autorizou o emprego da poupança rural na amortização das dívidas contraídas pelos produtores em 2004/2006.

Os instrumentos de crédito vão além das linhas de financiamento. Os empréstimos ao agronegócio devem contar com juros mais baixos do que os empréstimos comuns. Não se pode comparar os juros de uma CPR (Cédula de Produto Rural), por exemplo, com os do cartão de crédito. Aqueles orbitam em torno de 12 por cento ao ano; estes são de 12 por cento ao mês.

No que toca aos instrumentos fiscais, tem-se que o Estado pode reduzir o percentual de tributos para os que exercem atividade agropecuária. Exemplo está na Proposta em discussão na Câmara dos Deputados, que isenta de Imposto de Renda e Imposto Territorial Rural o pequeno produtor que efetuar a recuperação das matas ciliares em determinadas bacias hidrográficas.

2.2. PREÇOS COMPATÍVEIS COM OS CUSTOS DA PRODUÇÃO E A GARANTIA DE COMÉRCIO

Também aqui há duas ideias: (i) a dos preços mínimos e (ii) a da garantia da negociação. Os primeiros são definidos pelo poder público e são uma garantia de que os preços da agropecuária não poderão ser praticados por valores inferiores aos previstos pelo Estado. No Brasil, a Companhia Nacional de Abastecimento (CONAB) é que determina tais preços.

É do site da CONAB (2018, s. p.) que se extrai: "a Política de Garantia de Preços Mínimos (PGPM), além de importante ferramenta para diminuir oscilações na renda dos produtores rurais e lhes assegurar uma remuneração mínima, atua como balizadora da oferta de alimentos, incentivando ou desestimulando a produção e garantindo a regularidade do abastecimento nacional".

A lei deve oferecer tais garantias como forma de estimular a prática agropecuária, pois, se assim não fosse, haveria risco de desabastecimento, comprometendo a segurança alimentar.

2.3. INCENTIVO À PESQUISA E À TECNOLOGIA

Prevista no art. 11 da Lei nº 8.171/1991, a pesquisa agrícola faz parte da PA e deve ser coordenada pela EMBRAPA (Empresa Brasileira de Pesquisa Agropecuária). Este é este o órgão responsável por elaborar projetos de pesquisa científica voltados para o campo.

Uma das áreas de atuação da EMBRAPA são as pesquisas com material genético, com o que se busca atingir maiores níveis de produtividade e menor interferência no ambiente natural. Exemplo são as cultivares e os transgênicos.

Previstas na Lei nº 9.456/1997, as cultivares são, por definição legal, "a variedade de qualquer gênero ou espécie vegetal superior que seja claramente distinguível de outras cultivares conhecidas por margem mínima de descritores, por sua denominação própria, que seja homogênea e estável quanto aos descritores através de gerações sucessivas e seja de espécie passível de uso pelo complexo agroflorestal, descrita em publicação especializada disponível e acessível ao público, bem como a linhagem componente de híbridos".

Dito em outros termos, tem-se que a cultivar é uma derivação de vegetal existente, mas dotada de caracteres que a tornam distinta de qualquer outra espécie vegetal. As cultivares não existem originalmente na natureza, sendo fruto do trabalho humano. Exemplos: Catuaí Amarelo (café); Verena (cultivar de melancia); Marfim (pêssego); IAS 12-9 Formosa (cultivar de arroz); EMBRAPA 48 (cultivar de soja); BRS Cambé (cultivar de milho).

2.4. ASSISTÊNCIA TÉCNICA E EXTENSÃO RURAL

Previstas nos arts. 16 a 18 da LPA, é obrigação do Poder Público, a quem se impõe o dever de assistência ao produtor rural, especialmente voltada para a educação do titular da terra, incluindo técnicas de conservação ambiental.

Na definição da ABCAR (Associação Brasileira de Crédito e Assistência Rural), "a extensão rural é um processo cooperativo, baseado em princípios educacionais, que tem por finalidade levar, diretamente, aos adultos e jovens do meio rural, ensinamentos sobre a agricultura, pecuária e economia doméstica, visando modificar hábitos e atitudes da família, nos aspectos técnico, econômico e social, possibilitando-lhe maior produção e melhorar a produtividade, elevando-lhe a renda e melhorando seu nível de vida" (2018, s.p.).

A extensão rural apresenta grande importância no bem-estar do produtor rural, pois, segundo o IBGE, numa pesquisa feita em 2012, "agricultores familiares que não recebem assistência técnica e extensão rural tem renda média de R$ 700,00; e os que recebem com frequência tem renda de R$ 2.139,00. O fato chamou a atenção dos governantes e comprovou a importância do trabalho do extensionista rural para o Brasil" (IDAM: 2012, s.p.).

Exemplos da assistência técnica são as palestras promovidas por órgãos governamentais, instruindo o produtor rural sobre a importância da conservação da mata ciliar, são um exemplo. Nas Exposições agropecuárias realizadas Brasil afora é frequente a participação de especialistas, enviados, p. ex., do Ministério da Agricultura, do Incra e da EMBRAPA, com palestras ao público.

2.5. SEGURO AGRÍCOLA

Esta figura está prevista no art. 56 da LPA. Trata-se de mecanismo criado para garantir o produtor rural contra frustrações e quebras de safra e produção. É também do Poder Público a obrigação de regulamentar o acesso ao seguro agrícola. No caso, tem-se o Programa de Garantia de Atividade Agropecuária (PROAGRO). O programa foi criado em 1973 e é regulamentado pelo Dec. 175/1991.

De acordo com esse Decreto, a finalidade do PROAGRO é a de "exonerar o produtor rural de obrigações financeiras relativas a operações de crédito rural de custeio, cuja liquidação seja dificultada pela ocorrência de fenômenos naturais, pragas e doenças que atinjam bens, rebanhos e plantações".

Exemplo: determinado produtor toma um empréstimo para plantio e celebra um seguro no Programa, pagando para isso uma remuneração. Sobrevém uma geada e a plantação se perde. A seguradora pagará o financiamento, isentando o produtor.

2.6. COOPERATIVISMO

Previsto no art. 45 da LPA, o cooperativismo deve ser estimulado pelo Poder Público, que incentivará a criação de cooperativas e associações de produtores. As cooperativas de produtores rurais são conceituadas pela Lei nº 5.764/71: "As cooperativas são sociedades de pessoas, com forma e natureza jurídica próprias, de natureza civil, não sujeitas à falência, constituídas para prestar serviços aos associados".

Tratando-se de uma sociedade, as cooperativas apresentam os seguintes caracteres: (i) identidade de interesses (os cooperados, como produtores rurais, partilham dos mesmos interesses, como, por exemplo, facilidade de armazenamento do produto colhido); (ii) barateamento dos agrotóxicos pela compra em larga escala; (iii) financiamentos; (iv) conjunção de esforços, como, por exemplo, obrigação de entregar nos armazéns da cooperativa a colheita etc.

2.7. ELETRIFICAÇÃO E IRRIGAÇÃO RURAL

Previstas ambas na LPA, a primeira no art. 93, a segunda no art. 84, são ações que o Poder Público deve planejar, seja para ele próprio cumprir ou para que a iniciativa particular o faça. Em ambos os casos, o Estado deve agir como agente incentivador, financiando, por exemplo, a instalação de pequenas centrais hidrelétricas (PCH) cuja energia será empregada exclusivamente no campo.

2.8. HABITAÇÃO RURAL

Figura acolhida no art. 87 da LPA, a habitação rural é uma forma de dar eficácia ao princípio da função socioeconômica da propriedade, na vertente do bem-estar do possuidor (Constituição Federal, art. 186, IV). O Estado tem o dever de constituir uma poupança cujos recursos serão utilizados na construção e melhoria da habitação rural e, ao mesmo tempo, obriga-se, na forma da lei, a conceder estímulos fiscais ao proprietário que o fizer.

2.9. USUCAPIÃO ESPECIAL RURAL

A usucapião pode ser conceituada como a aquisição da propriedade ou de um outro direito real em virtude da posse prolongada no tempo. Etimologicamente, o vocábulo compõe-se de *usu + capio,* ou seja, captar pelo uso (SERPA LOPES: 1996, p. 432). O uso, aqui, significa o exercício da posse. Logo, tempo e posse estão à base do instituto em questão. Apesar disso, como adiante será visto, não é qualquer posse que leva à aquisição por usucapião, mas somente uma posse qualificada.

Discute-se, ainda, acerca do gênero da palavra "usucapião". A anterior codificação a empregou na forma masculina, "o usucapião", enquanto a atual vale-se da forma feminina "a usucapião". Doutrina e jurisprudência dividem-se a respeito, mas, entre os autores contemporâneos, é facilmente perceptível a preferência pelo gênero feminino, que, aliás, vem previsto em várias outras leis a par do Código Civil.

Darcy Bessone (1996, P. 307) expõe o problema do fundamento da usucapião, questionando se é justo que uma pessoa perca sua propriedade apenas pelo decurso do tempo, sem ter transmitido o direito ou a ele ter renunciado. Na verdade, nela há um conflito de interesses. De um lado, tem-se o proprietário do bem, que pagou por ele e tem a garantia constitucional da propriedade; doutro, a figura do usucapiente, que, investindo-se na posse da coisa alheia, lhe dá uma função socioeconômica. Afinal, é justo que o proprietário fique sem a coisa e um terceiro a adquira sem pagar por ela?

É necessário ter presente, porque isso é imprescindível para se compreender a figura aqui examinada, que a usucapião só tem lugar diante do desinteresse do proprietário em relação à coisa. Móveis e imóveis abandonados, terras ociosas, imóveis que foram compromissados, mas não vendidos, esses os bens que geralmente são objeto de aquisição por usucapião. Se o proprietário tem interesse em conservar a coisa consigo, afastada está a possibilidade de aquisição originária da propriedade.

Segue daí que um dos fundamentos da usucapião é a função socioeconômica da posse. Veja-se, da posse, não da propriedade. O usucapiente imprime à coisa uma função socioeconômica que não era dada pelo proprietário. Então, entre a propriedade ociosa e a posse funcional, o direito opta por esta. Isso é especialmente verdadeiro na posse despida de justo título.

Outro fundamento pode ainda ser apontado, que é o da necessidade de estabilizar as titularidades reais, transformando em direito um estado de fato. Imagine-se o caso de alguém que, há vários anos, tenha celebrado compromisso de compra e venda de imóvel para pagamento em 10 anos e, tendo quitado o preço, não consegue localizar o promitente-vendedor para a outorga da escritura. Nesse caso, poderá ele valer-se da ação de usucapião, cujo fundamento será não a função socioeconômica da posse, mas a necessidade de tornar jurídica uma situação consolidada no mundo dos fatos.

Pode-se, então, afirmar serem dois os fundamentos da usucapião: primeiro, a função socioeconômica da posse; segundo, a necessidade de estabilização de situações de fato consolidadas pelo tempo. Tem razão, portanto, aquele pensador mineiro, afirmando que os fundamentos do instituto em análise assentam-se em razões sociais e particulares.

Essa modalidade foi prevista originalmente no Texto de 1934, cujo art. 125 exigia os seguintes requisitos: (I) ser brasileiro; (II) exercer posse por dez anos contínuos; (III) ser a área igual ou inferior a dez hectares; (IV) residir e fazer uso econômico do imóvel o usucapiente. A regra foi reproduzida na Carta de 1937 (art. 148). A Constituição de 1946, no art. 156, parágrafo terceiro, seguiu os passos das anteriores, porém ampliou para 25 hectares a área usucapível. O texto de 1967 e a Carta de 1969 nada disseram a respeito.

No plano infraconstitucional, a Lei nº 6.969/79 ampliou o âmbito dessa usucapião, estabelecendo área máxima de 25 hectares e permitindo sua incidência em terras devolutas. O Texto Constitucional de 1988, no art. 191, aumentou a superfície usucapível, regra repetida no art. 1.239 do Código Civil, conforme se verá agora.

Cuida-se, também, de usucapião *pro misero,* criada para atribuir propriedade a pessoas que, não sendo donas de imóvel urbano ou rural, possuam como sua área não superior a 50 hectares, localizada na zona rural, nela residindo e tornando-a produtiva pelo seu trabalho ou de sua família. Já se vê, de início, um requisito específico no tocante à coisa usucapível, cuja área não deverá ultrapassar aquela dimensão, que correspondem a cerca de 20 alqueires de padrão paulista, isto é, uma pequena propriedade.

Tal como ocorre com a usucapião especial urbana, imprescindível é ao possuidor residir no imóvel. Além disso, deverá dar-lhe uma função econômica, mantendo-o produtivo. Não poderá, portanto, usucapir por essa modalidade se mora na cidade e trabalha a terra ou se trabalha a terra e reside na cidade. São requisitos específicos que se cumulam. Na verdade, da terra possuída deverá o usucapiente garantir o mínimo existencial.

Segue daí não ser bastante que o possuidor resida e produza no imóvel. Cumpre-lhe produzir eficientemente.

Outra observação importante repousa na interpretação que se deve dar aos art. 191 e 1.239 acima referidos. Ambos têm como escopo garantir a uma família condições de dignas de vida, no aspecto da moradia e da renda, mas sem implicar a possibilidade de enriquecimento. Um e outro dispositivo estabelecem limite de 50 hectares. Ocorre que uma área nessas dimensões, dependendo da região onde se encontra, pode dar à família uma condição extremamente vantajosa no aspecto da renda, assim como pode lhe ser insuficiente para assegurar um mínimo de lucro.

Imagine-se, por exemplo, um sítio de cinquenta hectares próximo à Cidade de São Paulo, onde a terra é fértil, o clima propício, as vias de escoamento abundantes e a demanda elevada. Se o possuidor e a família explorarem atividade hortifrutigranjeira nessa área, a terra os enriquecerá. Por outro lado, a mesma extensão física, no Estado do Amazonas, onde a reserva legal é de 80 por cento, não trará à família a mesma condição.

Decorre daí que, a despeito da literalidade daqueles dispositivos, nem sempre será lícito ao possuidor e à família usucapir pela modalidade especial rural, ainda que a posse se exerça em área igual ou inferior a cinquenta hectares. Cabe aqui o conceito de módulo rural, previsto na da Lei nº 4.504/64 e conceituado como a extensão mínima de terra para que a família retire uma renda mínima para assegurar sua existência digna. O módulo é extremamente variável, oscilando entre dois (regiões mais desenvolvidas) a cem hectares (regiões menos desenvolvidas).

Ocorre que o país está dividido em várias microrregiões homogêneas e cada qual tem seu módulo rural. Na região metropolitana de São Paulo e Curitiba, por exemplo, o módulo é de aproximadamente dois hectares, na região de Londrina doze hectares. Nessas áreas a família já pode extrair o bastante para uma vida confortável. Não lhes são necessários cinquenta hectares.

Nesse sentido está o Enunciado 312 da IV Jornada de Direito Civil da Justiça Federal, ao aduzir o entendimento segundo o qual, "observado o teto constitucional, a fixação da área máxima para fins de usucapião especial rural levará em consideração o módulo rural e a atividade agrária regionalizada".

Na verdade, é de aplicar a orientação constante no art. 98 do Estatuto da Terra, que, fazendo referência à área usucapível na modalidade *pro labore*, assim a qualifica: "trecho de terra com área caracterizada como suficiente para, por seu cultivo direto pelo lavrador e sua família, garantir-lhes a subsistência, o progresso social e econômico, nas dimensões fixadas por esta Lei, para o módulo de propriedade".

Conseguintemente, a usucapião especial rural não poderá ocorrer em áreas superiores ao módulo rural previsto para a microrregião onde está o imóvel. Entendimento em sentido contrário subverteria o sentido dos dispositivos civil e constitucional que cuidam dessa modalidade de usucapião.

CAPÍTULO 5

TÍTULOS DE CRÉDITO DO AGRONEGÓCIO

INTRODUÇÃO

As linhas adiante apresentadas procuram fornecer uma visão, ainda que horizontal, dos títulos de crédito em geral, falando de suas características e funções, para, em linha de conclusão, examinar cada um dos títulos de crédito aplicáveis ao agronegócio.

1. TÍTULO DE CRÉDITO

Vai-se aqui fornecer as noções básicas sobre os títulos de crédito, imprescindíveis para que se possa nos debruçar sobre os títulos do agronegócio. Serão vistos seu conceito e suas características para, depois, examinar de perto os vários títulos que podem ser aplicados ao agronegócio.

1.1. CONCEITO E CARACTERÍSTICAS

Conceituar o título de crédito depende do prévio exame das palavras que o compõem. Por "título" se deve entender todo documento escrito que represente determinado fato. É um mecanismo criado pelo homem para traduzir, em escrito, a ocorrência de um fato. Por isso, um instrumento contratual, um cheque ou uma confissão de dívida são títulos. Todos eles representam uma relação entre duas pessoas, as quais assumem, uma perante a outra, determinada obrigação. Já o termo "crédito" designa o direito do credor de receber determinada soma em dinheiro ou uma coisa, como uma casa, um animal ou um carro.

Assim sendo, o título de crédito é, em princípio, documento representativo de uma dívida. Esse o seu conceito amplo, mas, de acordo com a lei civil brasileira, que, nesse passo, segue as leis continentais europeias, o título de crédito é "um documento necessário ao direito literal e autônomo nele contido" (Código Civil, art. 887).

Nota-se então que o conceito legal difere do conceito geral, pois o restringe. Na definição legal, o título de crédito deve conter o atributo da autonomia, que pode ser vista como sua primeira e principal característica. A autonomia do título de crédito significa ser ele suficiente para exigir do devedor o pagamento da obrigação e, mais importante ainda, significa que, embora o título tenha uma causa, ou seja, uma relação entre credor e devedor, isso não é levado em consideração. Quer dizer, o título desvincula-se totalmente da sua causa.

Tais razões é que fazem com que a doutrina afirme: "apesar de o título ter uma história, de ser fruto de um negócio, como um empréstimo, uma compra e venda, uma prestação de serviços, um pagamento etc., considera-se a cártula uma declaração autônoma do devedor, comprometendo-se a solver a obrigação ali certificada" (MAMEDE: 2008, p. 26). A cártula é o nome que se dá ao título de crédito.

O cheque é talvez o melhor exemplo do título de crédito. Imagine-se que alguém, tendo adquirido agrotóxicos numa empresa, dê em pagamento um cheque, posteriormente não honrado pelo comprador. Para que o vendedor aponte a protesto o cheque e promova sua execução em Juízo, não precisará demonstrar a ocorrência da compra e venda, nem o fato de ter entregue a mercadoria nem a circunstância de ter sofrido prejuízo.

Da mesma forma, se a empresa endossar o cheque, quer dizer, transferi-lo a um terceiro, a falta de pagamento não exigirá que o endossatário, para receber o valor estampado no título, demonstre tê-lo recebido em pagamento de algo. Quer dizer, a empresa de agrotóxicos devia à fábrica e deu em pagamento o cheque que lhe fora dado pelo produtor rural. Para que a fábrica possa exigir em Juízo o valor, não se lhe exigirá provar que era credora da empresa vendedora.

Nesses dois exemplos nada é preciso provar, porque, sendo autônomo, o cheque basta por si mesmo. Vale o que nele está escrito, o que abstrai qualquer consideração sobre sua origem, chamada "causa subjacente". Por isso tem sido julgado pelos nossos tribunais:

> É cabível a ação monitória para cobrança de cheque prescrito e mostra-se desnecessário que o credor comprove a causa debendi que originou o documento. Nos termos do REsp 1094571/SP, julgado na forma do art. 543-C do CPC: Em ação monitória fundada em cheque prescrito, ajuizada em face do emitente, é dispensável menção ao negócio jurídico subjacente à emissão da cártula (TJRS, 4ª. Câm. Cív., Ap. Cív. 70076085653, Rel. Desembargadora Adriana Ribeiro, j. 07.mar.2018).

A autonomia não é, porém, a única característica dos títulos de crédito. Necessário também possua ele a cartularidade, que é sua segunda característica. A cartularidade significa que o título deve ser representado por um documento escrito, em que se possa ler o valor e a data do vencimento da obrigação. Daí serem escritos os títulos de crédito. Logo, "ao tempo de o credor exigir seu crédito, deve ele apresentar o original com a finalidade de que a obrigação nele transcrita possa ser satisfeita" (BERTOLDI: 2015, p. 386).

Por essa razão Fábio Ulhoa Coelho (2004, p. 19) afirma que os títulos de crédito são um documento, algo que prova a existência de uma relação jurídica. Não existem, com efeito, títulos de crédito verbais. A cartularidade significa que os títulos devem ser formais, ou seja, devem possuir forma escrita.

A despeito disso, o surgimento da Internet e a ampliação do comércio eletrônico fizeram com que determinados títulos fossem emitidos magneticamente, como se vê com a duplicata virtual. A duplicata virtual é um título que determinado empresário emite por meio digital, contendo assinatura eletrônica criptografada e contendo a obrigação de pagar determinada soma em dinheiro. Se o devedor não vier a pagá-la, bastará ao credor demonstrar ao Cartório de Protesto a emissão magnética do título. O que ocorre é a substituição do papel pela eletrônica.

A assinatura digital é fundamental para que se perfaça um título eletrônico. Ela "é o instrumento por meio que se leva ao documento digital garantias de tal modo que este possa ter força probante, ou seja, é um elemento de credibilidade do documento digital, que permite a conferência da autoria e da integridade deste" (LACORTE: 2009, p. 12).

A questão está regulada no art. 8º. da Lei nº 9.492/1997, que, ao tratar do protesto de títulos, assim enuncia: "poderão se recepcionadas as indicações a protesto das duplicatas mercantis e de prestação de serviços, por meio magnético ou de gravação eletrônica de dados (...)".

Postos assim os fatos, conclui-se que a cartularidade é um conceito a ser revisto, porquanto a possibilidade de emissão digital afasta a necessidade de emissão em base-papel.

A terceira característica dos títulos de crédito é a literalidade. Significa ela a correspondência entre o teor do documento e o direito que nele está representado. O título vale pelo que nele se contém, pelo que nele se declara. Então, se o título menciona menos do que tem direito o credor, o devedor não se obrigará a pagar o mais. Em suma, o devedor não se obriga a pagar mais do que está no título (FAZZIO JR.: 2013, p. 323).

Exemplo: João vai ao haras de José e adquire um cavalo por 100 mil reais, dando em pagamento uma nota promissória de 80 mil reais. Não efetuando o pagamento no dia combinado, João, que tem o título protestado, não se obrigará a pagar mais de 80 mil reais. Isso foi o que se escreveu na promissória; nada mais do que isso pode ser exigido.

A última das características é a cambiaridade. Os títulos de crédito são dotados de autonomia em relação à causa que os origina. Isso faz com que eles possam livremente circular, de forma a que o crédito neles representado possa ser transferido. A isso se chama "endosso". É essa característica que faz com que os títulos de crédito sejam também chamados títulos cambiais. Cambiar significa mudar, trocar. O endosso faz com que o título seja, portanto, transferido, de modo que o crédito passe a pertencer a outra pessoa, como foi visto acima no exemplo da empresa de agrotóxicos.

A cambiaridade é que permite a circulação dos títulos de crédito, que podem assim passar de mãos em mãos, estimulando e agilizando as relações comerciais.

Assim sendo, pode assim ser resumida a explicação até agora apresentada com a tabela seguinte:

CARACTERÍSTICA	SIGNIFICADO
AUTONOMIA	O TÍTULO DE CRÉDITO DESVINCULA-SE DA CAUSA QUE LHE DEU ORIGEM, POSSUINDO PORTANTO INDEPENDÊNCIA
CARTULARIDADE	O TÍTULO DE CRÉDITO DEVE SER EXPRESSO POR FORMA ESCRITA, MAS EXISTEM EXEMPLOS DE TÍTULOS VIRTUAIS, COMO A DA DUPLICATA

LITERALIDADE	O CREDOR NÃO PODE EXIGIR MAIS DO QUE CONSTA NO TÍTULO. A LITERALIDADE DELIMITA A EXTENSÃO DA OBRIGAÇÃO
CAMBIARIDADE	O CRÉDITO PODE SER LIVREMENTE TRANSFERIDO, CIRCULANDO DE MÃOS EM MÃOS

1.2. ENDOSSO E AVAL

Endosso e aval são figuras típicas dos títulos de crédito, porém são bem confundidas na prática. O endosso, conforme foi visto, é um meio de transferência do crédito, uma ferramenta criada para permitir que a cártula circule no comércio. O endosso faz com que, por exemplo, um título permaneça por muitos meses passando de mão em mão e só depois venha a ser cobrado do emitente.

Endosso é uma declaração unilateral (feita pelo próprio credor, sem a necessidade de autorização do devedor), com a finalidade de criar maior garantia ao credor (GARCIA; ZANIN: 2018, s.p.).

O endosso é parecido com a cessão de crédito, porque ambos transmitem créditos. Mas não podem ser confundidos, porque, enquanto o primeiro só existe nos títulos cambiais, o segundo só existe nos contratos e obrigações em geral.

Se o mutuário do Sistema Financeiro da Habitação quer transferir seus direitos na aquisição de uma casa, ela fará a cessão do direito à pessoa interessada, que se mudará para a casa (cessão de direitos). Se aquele que recebeu um cheque quer transferi-lo ao terceiro, fará um endosso. Logo, se há contrato, faz-se cessão; se há título de crédito, endosso.

Têm-se, então, endossante e endossatário (título de crédito); cedente e cessionário (contrato). Confira-se:

QUADRO COMPARATIVO ENDOSSO E CESSÃO DE CRÉDITO

FIGURA	AMBIENTE	FUNÇÃO	PARTES
ENDOSSO	TÍTULOS DE CRÉDITO	TRANSFERIR	ENDOSSANTE E ENDOSSATÁRIO
CESSÃO DE CRÉDITO	CONTRATOS	TRANSFERIR	CEDENTE E CESSIONÁRIO

O aval, de seu turno, nada tem em comum com o endosso e a cessão de direitos. Trata-se de uma garantia que o terceiro dá ao credor de um título de crédito. Assim, se alguém emite um cheque avalizado, não ocorrendo o pagamento, o credor poderá exigir o crédito tanto do emitente quanto do avalista.

Tem-se, então, avalista e avalizado.

O aval se parece com a fiança. Em ambos um terceiro garante o pagamento da dívida, mas, enquanto o aval é típico dos títulos cambiais, a fiança o é dos contratos. Logo, num contrato de locação, aquele que se obriga a pagar a dívida do locatário é fiador, e não avalista.

Daí: fiador e afiançado. Confira-se:

QUADRO COMPARATIVO AVAL E FIANÇA

FIGURA	AMBIENTE	FUNÇÃO	PARTES
AVAL	TÍTULOS DE CRÉDITO	GARANTIR	AVALISTA E AVALIZADO
FIANÇA	CONTRATOS	GARANTIR	FIADOR E AFIANÇADO

Em qualquer um dos casos, quer se trate de aval quer se trate de fiança, o terceiro que prestar a garantia deverá estar autorizado pelo respectivo cônjuge. A isso se chamada outorga conjugal (marital quando o marido é que autoriza a mulher; uxória, quando a mulher autoriza o marido). A ausência de autorização torna ineficaz a garantia, razão por que o credor só poderá demandar contra o cônjuge que prestou a garantia, deixando de fora aquele que não consentiu.

É de nossos tribunais:

> "Regra que se destina à preservação do patrimônio da família, daquele que não consentiu, e não à validação formal do ato. Jurisprudência prevalente do STJ é no sentido de que a falta de consentimento da esposa para o aval não constitui nulidade de pleno direito da garantia, implicando apenas ineficácia em relação ao cônjuge não anuente, cuja meação não poderá ser atingida" (TJRJ, 9ª. Câmara Cível, Ap. 0009889-92.2013.8.16.0203, Rel. Des. José Roberto Portugal Compasso, j. 26.ago.2014).

A solução é justa, pois prestigia o princípio da conservação do negócio jurídico.

1.3. TÍTULOS DE CRÉDITO COMUNS

Vai-se agora examinar, embora superficialmente, os títulos de crédito comuns. O termo "comum" é aqui empregado para designar os títulos que não são típicos do agronegócio. Tais títulos podem ser empregados no agronegócio, mas dele não são típicos.

São títulos de crédito comuns:

A) CHEQUE

É uma ordem de pagamento à vista, por força da qual o emitente, que mantém conta em Banco, ordena a este o pagamento ao portador. Nesta figura, portanto, intervêm três personagens: (i) emitente (devedor), (ii) beneficiário (credor) e (iii) sacado (Banco). Por ser ordem de pagamento à vista, não existe na lei a possibilidade de cheque pós-datado, quer dizer, emitido numa data para pagamento em data futura. Ainda assim, tornou-se costume o beneficiário só apresentar o título no dia do vencimento. Mas, caso o faça antes, o Banco deverá efetuar o pagamento.

B) NOTA PROMISSÓRIA

Ao contrário do cheque, a nota promissória não é uma ordem de pagamento, mas uma promessa de pagamento. Não há aqui a figura de uma instituição financeira, pois a promissória ocorre entre duas pessoas apenas, ou seja, credor e devedor. É uma modalidade que vem perdendo espaço a cada dia, achando-se presente apenas em dívidas de pequeno valor onde não seja possível emitir cheque ou outro título.

Exemplo: Mariana adquire na empresa de Lia dez sacas de ração animal. Não tendo dinheiro para pagar à vista, emite uma promissória no valor da compra e entrega à credora. No dia do vencimento, se não houver a quitação, Lia ingressa com ação de cobrança contra Mariana.

C) LETRA DE CÂMBIO

Outro título que vem perdendo espaço a cada dia, a letra de câmbio é uma relação triangular, porque nela intervêm três personagens: (i) o emitente (devedor); (ii) o sacado (terceiro) e (iii) o beneficiário (credor). Tal título se parece muito com o cheque, coma diferença de que não é uma ordem de pagamento à vista nem tem uma instituição financeira como sacado.

Ana Maria tem um crédito de 1.000 reais junto a Rômulo, mas deve 1.000 reais para Conrado. Ana emite uma letra de câmbio em favor de Conrado para que este receba de Rômulo a quantia devida.

D) DUPLICATA

Título muito empregado nas relações comerciais, admitindo, como se viu, emissão virtual, tem esse nome porque duplica outro documento, que é a nota fiscal. A duplicata é portanto título que deve acompanhar a nota fiscal sempre que um produto ou serviço não for pago. Não se pode cobrar uma nota fiscal, por isso se emite uma duplicata.

Exemplo: Rosana adquire 100 sacas de semente na empresa de Geórgia, dessa operação sendo emitida uma nota fiscal. Convenciona-se o pagamento para dezembro/2018. A credora emite uma duplicata e a encaminha a Rosana. Se esta aceitar a duplicata e não vier a pagá-la, Geórgia a cobra em juízo; se ela não aceitar, Geórgia protesta a duplicata e apresenta-a ao juiz juntamente com o comprovante de entrega das sementes. O juiz obrigará Rosana ao pagamento.

Termina aqui a primeira parte deste capítulo.

2. TÍTULOS DE CRÉDITO TÍPICOS DO AGRONEGÓCIO

O item anterior tratou de apresentar as noções básicas sobre os títulos de crédito. Foram vistos seu conceito, suas características e alguns exemplos. Aquele item é útil para que se possa ingressar agora nos títulos de crédito criados na prática do agronegócio.

Como já foi dito acerca dos contratos atípicos, a lei não consegue acompanhar as transformações pelas quais passam economia e sociedade. Com isso criam-se práticas comerciais que somente mais tarde acabam reguladas pela lei. No agronegócio não é diferente. A necessidade de dinamização fez como a criatividade do homem forjasse mecanismos de maior agilidade

2.1. MODALIDADES

Uma pesquisa pela legislação de regência do tema revela existirem treze títulos de crédito afetos ao agronegócio.

2.1.1. CÉDULA RURAL PIGNORATÍCIA (CRP)

A Cédula Rural Pignoratícia é regida pelo Decreto-Lei nº 167/67, constituindo-se num dos mais antigos e praticados negócios agropecuários. Os termos linguísticos que a compõem expressam seu significado. Cédula, na nomenclatura do agronegócio, é título de crédito composto por uma garantia real; rural é termo que se usa para designar o ambiente de aplicação dos recursos obtidos no título, no caso, a atividade agropecuária; pignoratícia, no sentido de que a garantia contida na cédula é um bem móvel.

Com efeito, as cédulas não se confundem com as notas, pois nestas não existem garantias reais. Garantias reais são aquelas que recaem sobre uma coisa, como um carro, um animal, uma safra etc. Não se confundem com as garantias pessoais, que recaem sobre a palavra do garantidor, como a fiança e o aval. Quando há uma garantia real, o credor a usa num leilão para fazer dinheiro e reembolsar-se do crédito não recebido.

A garantia real que recai sobre coisas móveis é o penhor, enquanto a que recai sobre imóveis é a hipoteca. Por isso se conclui facilmente que a cédula pignoratícia é o título garantido por um bem móvel.

A CRP, conceituada no art. 10 e seguintes do DL 167/67, "é título civil, líquido e certo, exigível pela soma dela constante ou do endosso, além dos juros, da comissão de fiscalização, se houver, e demais despesas que o credor fizer para segurança, regularidade e realização de seu direito creditório". O conceito não deixa dúvida de sua natureza de título de crédito, portando, assim, as características examinadas no item 1.1.

A CRP é emitida em face de um financiamento, ou seja, um empréstimo concedido por órgão que integra o sistema nacional de crédito rural (bancos, cooperativas etc.). A cédula exerce dupla função, portanto: (i) ao mesmo tempo em que concede o crédito ao produtor, liberando-lhe dinheiro, (ii) constitui a garantia. Se a dívida não for paga, a garantia é empregada na quitação.

É importante destacar que o dinheiro dado em empréstimo fica condicionado à atividade para a qual ele foi concedido, o que deve estar previsto na Cédula. Se o produtor precisa de financiamento para aplicação de calcário, isso deve estar descrito na cédula, não podendo ele usar o dinheiro para outra finalidade.

Como se trata de um penhor, ou seja, garantia sobre bens móveis, podem ser objeto da CRP os mesmos bens sujeitos ao penhor civil. Assim mencionam-se os exemplos: máquinas e implementos agrícolas, colheitas pendentes (colheitas a serem feitas), produtos agrícolas armazenados, animais aplicados à atividade rural etc.

Também é de grande importância frisar que as coisas dadas em garantia devem permanecer sob a posse do devedor até o vencimento da dívida. No penhor tradicional, a posse dos bens passa desde logo ao credor, que deles deve ficar tomando conta. Não assim na CRP, em que, por disposição legal, a posse se conserva com o devedor, a fim de que os bens sejam empregados em sua atividade. Apesar disso, os bens devem ser conservados no lugar em que estão, não podendo ser transportador de um sítio para o outro, por exemplo.

A CRP deve ser registrada no Cartório de Registro de Imóveis (CRI) da Comarca onde estiverem localizados os bens dados em garantia. A falta do registro não isenta de pagamento o devedor. Ele segue devedor, mas o credor já não poderá empregar em leilão os bens garantidores caso estes tenham sido vendidos a um terceiro.

2.1.2. CÉDULA RURAL HIPOTECÁRIA (CRH)

A Cédula Rural Hipotecária guarda grande semelhança com o título estudado no item acima. Prevista no art. 20 do DL 167/67, seu grande diferencial é o objeto da garantia, que, no caso, deve recair em bens imóveis. Afora essa particularidade, aplicam-se a ela as mesmas diretrizes previstas para a CRP, como a questão do financiamento, a afetação do empréstimo a uma finalidade, o registro no CRI etc.

Algumas observações são, porém, necessárias. A principal delas reside na emissão do título. Como a garantia recai sobre imóvel, necessária será a concordância do cônjuge do emitente, o que, como antes se viu, denomina-se "outorga conjugal". E, assim como foi visto, ausente a outorga, a garantia não será inválida, mas a meação do imóvel pertencente ao cônjuge que não assinou não poderá ser atingida.

Exemplo: Numa CRH, Armando, casado com Celeste, dá em garantia a fazenda onde moram, sem que o saiba a mulher. É, sem dúvida, grande falha do credor, mas isso pode acontecer. A dívida não é paga e a Cédula é levada a Juízo. Poderá o credor penhorar e mandar a leilão somente metade do imóvel, pois a outra metade fica reservada a Celeste.

Outra observação: não é necessário que a garantia recaia sobre o imóvel onde será exercida a atividade agropecuária. Qualquer imóvel pode figurar na CRH, inclusive imóveis urbanos.

2.1.3. CÉDULA RURAL PIGNORATÍCIA E HIPOTECÁRIA (CRPH)

Disciplinada a partir do art. 25 do DL 167/67, a Cédula Rural Pignoratícia e Hipotecária é uma mescla das duas figuras estudadas acima, de que toma os mesmos princípios e soluções. Sua particularidade é ter como objeto bens móveis e imóveis simultaneamente. Exemplo: uma fazenda e a safra de soja que nela será colhida em março de 2024.

Essa espécie de título de crédito é usada quando o imóvel, isoladamente considerado, não é suficiente para garantir toda a dívida. Então, tomam-se os móveis que a guarnecem, como tratores e implementos, animais etc. Esclareça-se não ser necessário que os móveis pertençam ao imóvel hipotecado. Por isso, pode-se dar em CRPH uma colheitadeira que é empregada em outro imóvel que não o hipotecado.

2.1.4. NOTA DE CRÉDITO RURAL (NCR)

Este é o quarto título de crédito previsto no DL 167/67. A NCR difere bastante das cédulas de crédito, porque nela não existe garantia real, o que significa que o credor pode confiar apenas no devedor ou no eventual avalista, que declararam pagar. Essa modalidade não é uma simples promissória, como à primeira vista parece. Ela é também uma promessa de pagamento, mas nela deverá constar a finalidade do empréstimo concedido.

Na hipótese de o emitente não honrar a obrigação, o credor levará a dívida a Juízo e buscará penhorar bens do devedor ou do avalista para enviar a leilão. A diferença para com as cédulas é que não existe um bem predefinido. Também poderá ser registrada a NCR no CRI da Comarca do imóvel onde será desenvolvida a atividade financiada.

2.1.5. NOTA PROMISSÓRIA RURAL (NPR)

Quinto título previsto no mesmo DL 167/67, a Nota Promissória Rural é conceituada em seu art. 42, em redação truncada e de difícil apreensão. Diante disso, busca-se um conceito e, assim, a NPR é definida como o título de crédito emitido por produtor rural naqueles casos em que ele recebe um adiantamento por produto a ser entregue.

Quer dizer, há uma compra e venda de produtos que serão entregues no futuro, mas o pagamento é feito no presente. O vendedor (produtor) emite uma promissória obrigando-se a pagar o valor do bem ao comprador (cooperativa), caso não entregue o produto.

A NPR pode funcionar, contudo, de forma inversa, naqueles casos em que a cooperativa recebe do produtor os bens, mas não lhe paga à vista. Em garantia da dívida, a cooperativa emite uma promissória em favor do produtor.

São hipótese distintas: (i) na primeira, o produtor é devedor; (ii) na segunda o é a cooperativa. Para garantir o pagamento emite-se a promissória. No fundo, trata-se da mesma nota promissória que foi estudada no item 1.3, com a particularidade de circular no ambiente do produtor rural/cooperativa.

2.1.6. DUPLICATA RURAL (DR)

Sexto e último título de crédito previsto no DL 167/67 (art. 46), a Duplicata Rural não deixa de ser a mesma duplicata examinada no item 1.3, tal como a nota promissória. Sua característica é operar no mundo do agronegócio. Seu objeto são os bens de natureza agrícola, assim como na nota promissória rural. Ela só pode ser empregada por produtores e cooperativas.

Efetuada a venda e entregue o produto, seja pelo produtor seja pela cooperativa, emite-se a DR para o pagamento da obrigação. Se o devedor não paga, o título é enviado a protesto e em seguida encaminhado ao Juiz para a penhora de bens do devedor. Tudo o mais que se falou sobre a duplicata no item 1.3 aplica-se à modalidade rural.

2.1.7. CÉDULA DE PRODUTO RURAL (CPR)

Inicia-se agora o estudo da Cédula de Produto Rural, examinando seu conceito, modalidades e efeitos.

2.1.7.1. CONCEITO

Talvez hoje o mais utilizado dos títulos de crédito do agronegócio, a Cédula de Produto Rural pode ser conceituada como o "título de crédito à ordem, líquido e certo, representativo da promessa de entrega de produtos rurais, com ou sem garantia cedularmente constituída" (FRANCO; RODRIGUES: 2013, p. 24). O conceito é retirado da Lei nº 8.929/94, criada especialmente para essa modalidade de título, com as modificações introduzidas pela Lei nº 10.200/2001. É esse o mais representativo título de crédito do agronegócio, pois pode ser negociado nos mercados de bolsas e balcões.

Como transparece do conceito, a CPR é promessa, mas não é como uma nota promissória, em que o devedor se obriga a entregar dinheiro. Nela, o que se obriga é a entrega de produto. Tem-se então uma hipótese na qual o devedor fica obrigado a cumprir uma obrigação de dar, no caso, dar produtos como pagamento da dívida.

Veja-se exemplo hipotético: necessitando de dinheiro para viabilizar um plantio, determinado produtor dirige-se a um empresa especializada e obtém um empréstimo. Em garantia da dívida, emite uma CPR, na qual consta a obrigação de entregar tantas sacas de soja em pagamento.

Na prática funciona assim: a empresa do agronegócio abre um crédito para o produtor rural. A cada vez que o produtor rural retira insumos da empresa emite-se um documento chamado romaneio. Em garantia do crédito aberto, o produtor rural emite a CPR, prometendo entregar produtos da lavoura para quitar a dívida.

O negócio é útil para ambas as partes: (i) para o produtor, por obter desde logo capital para custear sua atividade; (ii) para o credor, porque receberá produtos por preço superior ao do empréstimo, experimentando lucro. Além disso, o credor poderá negociar o título em bolsa de valores, apostando no mercado financeiro e fazendo circular riquezas.

Todavia, a CPR pode se desvirtuar. Isso ocorre, por exemplo, quando a empresa do agronegócio exige juros superiores a 1 por cento ao mês do crédito aberto. Tal prática é considerada crime de usura, previsto no Decreto 22.626/33.

2.1.7.2. MODALIDADES

A CPR pode ser classificada à luz de dois critérios. O primeiro deles é a forma de pagamento, enquanto o segundo repousa na intenção do devedor. De fato, se for tomado o primeiro critério, ver-se-á existirem a CPR Física e a CPR Financeira.

A primeira é o título tradicional, objeto do conceito acima apresentado e que consiste na entrega dos produtos convencionados na cédula. Dito em outros termos, o produtor recebe dinheiro e depois paga em produto. A segunda é uma possibilidade introduzida pela Lei nº 10.200/2001, que permitiu ao devedor optar entre entregar o produto ou o equivalente em dinheiro. Ou seja, recebe-se dinheiro e paga-se em produtos ou em dinheiro, o que se chama obrigação alternativa.

A CPR Física tem uma importante característica. Nela não pode o devedor alegar casos fortuitos para se eximir do pagamento (Lei nº

8.929/94, art. 11). Se, por exemplo, ele se obriga a entregar tantas sacas de café, mas a geada destroi os cafeeiros, ainda assim a obrigação se manterá, devendo ele buscar o produto em outro lugar e entregá-lo ao credor. Isso porque, como já foi visto no capítulo dos contratos agrários, o café é bem fungível e sempre poderá ser substituído por equivalente.

Examinando esse título do ponto de vista da intenção do devedor, conhece-se a CPR tradicional, já examinada e a CPR para fins de garantia contra desvalorização. É o que s conhece como CPR *hedge*, traduzida esta palavra como "cobertura". Nessa modalidade, o produtor contrata com o credor e dele não recebe dinheiro algum, mas a garantia de que ele receberá os produtos, em data futura, pelo preço da data presente.

Imagine-se que o produtor esteja satisfeito com o valor atual da saca de soja e que tenha o receio de que o preço baixe. Pode ele emitir uma CPR na modalidade *hedge* em face de uma empresa do agronegócio, obrigando-a a receber, em data futura, a colheita de soja pelo preço de hoje. Evidente que, nessa hipótese, necessária será a concordância da empresa.

Veja-se decisão do STJ:

> A Lei nº 8.929/94 não impõe, como requisito essencial para a emissão de uma Cédula de Produto Rural, o prévio pagamento pela aquisição dos produtos agrícolas nela representados. A emissão desse título pode se dar para financiamento da safra, com o pagamento antecipado do preço, mas também pode ocorrer numa operação de *hedge*, na qual o agricultor, independentemente do recebimento antecipado do pagamento, pretende apenas se proteger contra os riscos de flutuação de preços no mercado futuro (STJ, 3ª. Turma, REsp. 2006/0119123-7, Rel. Ministra Nancy Andrighi, j. 20.jun.2013).

Com isso, o produtor se protege contra eventual desvalorização, mas pode deixar de lucrar, pois é possível que o preço da soja se eleve ainda mais. A vantagem do *hedge* para a empresa é a possibilidade de fazer circular em bolsa a cédula.

2.1.7.3. GARANTIAS CEDULARES

A CPR pode ser garantida contra a falta de pagamento pelo devedor. Qualquer espécie de garantia pode nela ser concedida, como, por exemplo, hipoteca, penhor (exemplos de garantias reais), aval e fiança (garantias pessoais). As garantias reais podem ser dadas pelo próprio devedor ou por terceiros, enquanto as pessoais podem ser prestadas por terceiros. Valham aqui as considerações apresentadas no item 1.2 e nos contratos agrários acerca das garantias reais e pessoais.

Exemplo: determinado produtor emite CPR para entrega de 3.000 sacas de milho, recebendo hoje a quantia de 500 mil reais. Em garantia da dívida, o emitente dá uma hipoteca sobre uma casa. Se o produto não for entregue, o credor executará o título e leiloará a casa para obter dinheiro.

2.1.7.4. APRESENTAÇÃO EM MERCADO DE BOLSAS E DE BALCÃO

A nota distintiva da CPR frente aos demais títulos de crédito é a possibilidade de ser levada para mercado de bolsas e balcão. Tal prerrogativa decorre do art. 19 da mesma Lei nº 8.929/94. Ser negociável nessas condições significa que o título em questão pode ser oferecido em leilões públicos. Com isso, o arrematante, muitas vezes uma empresa do Exterior, adquire o direito de receber o produto constante na Cédula.

A aquisição da CPR em bolsa é vantajosa ao adquirente, pois o título é geralmente garantido por Banco ou instituição financeira, que, para isso, cobra uma comissão de cerca de 0,5 por cento sobre o valor do negócio (MIRANDA: 2004, s.p.).

Para que isso seja possível, exige-se prévio registro do título na Central de Custódia e de Liquidação Financeira de Títulos (CETIP). Este é um órgão pertencente a particulares, sediado em São Paulo e cujas funções, além de registrar a CPR, são é a de guardar o título, mantendo-o em custódia e possibilitar sua negociação.

Exemplo: Produtor recebe 500 mil reais e emite, em 10/04/2018, uma CPR ao credor, comprometendo-se a entregar 4 mil sacas de soja em 20/02/2024. O credor, uma empresa do agronegócio, obtém uma garantia do Banco do Brasil, pela qual paga 3 mil reais. O credor registra o título na CETIP, que o manda a leilão. O título é vendido, em 12/09/2023, por 600 mil reais, ante a perspectiva de baixa na produção de soja nos EUA em 2023.

No exemplo percebe-se que todos aqueles que participaram da cadeia do agronegócio acabaram, de uma forma ou de outra, tendo alguma vantagem financeira. Tal demonstra ser a CPR um poderoso instrumento de fomento do agronegócio.

2.1.8. CERTIFICADO DE DEPÓSITO AGROPECUÁRIO (CDA) E WARRANT AGROPECUÁRIO (WA)

No campo do agronegócio, merece exame o penhor das mercadorias depositadas em Armazéns Gerais. A matéria é regulada pela Lei nº 9.973/2000 e suas várias alterações, especialmente a Lei nº 11.076/2004. Armazéns gerais são as empresas criadas por comerciantes e industriais para a guarda e conservação de suas mercadorias. Depois de receberem as mercadorias para depósito, essas empresas emitem, a pedido do depositante (produtor rural) dois títulos: o CDA e o WA.

O CDA é um título que certifica a existência da mercadoria no armazém, enquanto o WA é "um título de crédito que confere direito de penhor sobre o produto descrito no certificado de depósito correspondente" (MAMEDE: 2008, p. 450). Como já foi aqui escrito, o penhor é a garantia real que recai em coisas móveis, no caso os produtos levados a depósito.

Note-se: a mercadoria depositada pertence ao produtor rural. O depositário apenas a armazena, não se torna seu dono e adquire apenas a obrigação de conservação do bem. Recebe para isso uma remuneração, mas, assim que exigido, é obrigado a entregar o produto a quem se apresentar munido do título.

De posse do CDA e do WA, o produtor rural pode pô-los em circulação mediante endosso, ou seja, transferi-los a quem melhor pagar por eles. Contudo, esses títulos não podem circular fora do ambiente do Sistema Financeiro Nacional, o que significa que um Banco entra como endossatário e os leva a leilão em mercado de bolsas e balcão, tal como ocorre com a CPR.

Ambos os títulos podem ser negociados. Quem adquirir o CDA, adquire o direito de resgatar a respectiva mercadoria no depositário. Quem adquirir o WA, nada mais adquirirá senão uma garantia. O termo *warrant* pode ser traduzido como "penhor", "confiança" ou "garantia" (ROQUE: 2015, p. 3). Mas é frequente que ambos os títulos sejam adquiridos por uma só pessoa.

De posse do WA, o titular poderá contrair dívidas e dar em garantia os bens depositados, entregando ao credor o título, mediante endosso. O credor adquire, com isso, não a propriedade das coisas depositadas, mas a garantia sobre elas. A propriedade segue com o devedor, sob os cuidados do depositário.

Percebe-se, portanto, que a mercadoria depositada serve como lastro. Assim, o endossatário, a quem o endossante não pague a dívida, poderá, sem a necessidade de passar por um processo judicial, pedir ao depositário que efetue o leilão dos bens e lhe entregue o fruto da venda.

2.1.9. CERTIFICADO DE DIREITOS CREDITÓRIOS DO AGRONEGÓCIO (CDCA)

O Certificado de Direitos Creditórios do Agronegócio foi criado pela Lei nº 11.076/2004, a mesma que regula o CDA e o WA. Ele é conceituado no art. 24 dessa lei, como "uma promessa de entrega em dinheiro". Ou seja, sua natureza jurídica é a de uma nota promissória. O que o caracteriza é sua emissão exclusiva por cooperativas ou outras empresas que exerçam o comércio, beneficiamento ou produção de insumos utilizados na agropecuária, conforme orientação da Lei nº 13.331/2016.

Aquele que emite o CDCA deve ser possuidor de algum título do agronegócio, uma CPR, por exemplo. Significa isso dizer que o CDCA só pode ser emitido com lastro num crédito representado por outro título. Por isso Gladston Mamede (2008, p. 454) afirma que o Certificado "é título vinculado a direito creditório originário de negócio realizado entre produtores rurais, ou suas cooperativas, e terceiros, inclusive financiamentos, ou empréstimos, relacionados com a produção (...)".

Exemplo: Uma cooperativa, que possui uma CPR no valor de 100 mil reais, obtém um empréstimo de 70 mil reais e emite um CDCA. Não ocorrendo o pagamento, o credor executa o CDCA e toma para si o crédito representado na CPR.

2.1.10. LETRA DE CRÉDITO DO AGRONEGÓCIO (LCA)

Criado também pela Lei nº 11.076/2004, a Letra de Crédito do Agronegócio ostenta a natureza de promessa de pagamento em dinheiro, o que a aproxima bastante do CDCA. O que a distingue é a emissão, aqui exclusiva de Bancos ou instituições financeiras, incluindo cooperativas de crédito (art. 26, parágrafo único). Assim como o CDCA, a LCA deve estar lastreada em título de que o emitente seja credor, como um CDA ou WA.

2.1.11. CERTIFICADO DE RECEBÍVEIS DO AGRONEGÓCIO (CRA)

O penúltimo dos títulos a ser aqui examinado é o Certificado de Recebíveis do Agronegócio, regulado pela recente Lei nº 14.430/2022.

Pode ser conceituado como "promessa de pagamento em dinheiro". Só por isso se apura sua semelhança com os títulos examinados a 2.1.10 e 2.1.11. Sua particularidade: só pode ser emitido por companhias securitizadoras de direitos creditórios do agronegócio. Companhia securitizadora são instituições não financeiras constituídas sob a forma de sociedades por ações.

Essas companhias têm por finalidade emitir determinado título do agronegócio, securitizá-los e aí emitir o CRA. Ou seja, o CRA deve também ser lastreado num crédito titulado pela securitizadora. Ela tem esse nome porque a emissão do CRA está assegurada pelo valor representado por um outro título, como uma CPR.

Exemplo: precisando de dinheiro para montar um silo em sua fazenda, um sojicultor empresta de uma securitizadora 1 milhão de reais, dando em garantia a hipoteca sobre a fazenda. A securitizadora libera o dinheiro ao fazendeiro e emite o termo de securitização, que conterá os requisitos exigidos pelo art. 18 daquela lei.

Depois disso o CRA é lançado no mercado em busca de investidores. Não deixa de ser um título de renda fixa e apresenta vantagens como isenção do Imposto de Renda e rentabilidade superior a um título comum. Há marcada semelhança com a LCA, com a diferença de que quem emite a CRA é uma empresa securitizadora, e não uma instituição financeira.

2.1.12. CÉDULA IMOBILIÁRIA RURAL (CIR)

A Cédula Imobiliária Rural foi criada pela nova lei do agro, a Lei nº 13.986/2020. Seu propósito é o de facilitar o acesso do produtor rural a juros mais baixos que o mercado tradicional. Sua emissão pressupõe um patrimônio de afetação, consubstanciado num imóvel ou parte do imóvel, que fica vinculado ao pagamento e é imune a penhora ou alienação pelo proprietário (art. 7º.). Fica também imune a falência ou insolvência do proprietário.

Sem embargo, a posse sobre a área afetada permanecerá com o constituinte, que poderá explorá-la economicamente, até que sobrevenha a eventual entrega ao credor em caso de inadimplemento.

Constituído o patrimônio de afetação, registrado na matrícula imobiliária do imóvel (art. 11), o produtor emite a cédula, por força da qual promete pagar dinheiro, tal como numa nota promissória. A diferença é que a CIR pressupõe patrimônio de afetação vinculado à dívida. Constitui título executivo extrajudicial, na forma do art. 21 daquela lei e pode ser garantido por aval, prestado por terceiro ou instituição financeira.

Na hipótese de o devedor não pagar a dívida prevista na cédula, o credor poderá, independentemente de intervenção judicial, transferir para si a propriedade da área afetada. Isso se faz mediante pedido no Cartório de Registro de Imóveis onde está matriculada a área afetada (art. 28).

Transferida a propriedade em nome do credor, procede-se aos leilões previstos nos arts. 26 e 27 da Lei nº 9.514/97. Ou seja, o credor não pode ficar com o imóvel. Este tem que ser levado a leilão para obter-se dinheiro, com o que será pago o credor. Não fosse assim, ter-se-ia algo parecido com o pacto comissório real, que é vedado pelo art. 1.428 do Código Civil.

Há, como claramente se percebe, acentua semelhança com a figura da alienação fiduciária. A diferença é que, na CIR, a propriedade só será transferida após o inadimplemento, enquanto na alienação fiduciária o patrimônio é transferido ao credor no instante em que se celebra o empréstimo, só sendo devolvido ao devedor no caso de integral adimplemento.

Chama a atenção nesta lei o inciso I do art. 17, por força do qual a CIR pode ser emitida para garantir crédito de "qualquer modalidade".

Como aponta o jurista mineiro Gladston Mamede (2022, p. 341), "a norma foi inscrita no âmbito de uma norma que, expressamente, trabalha com o agronegócio, conceituando e regulamentando institutos que lhe sejam próprios, razão pela qual é de perguntar se o uso da cédula imobiliária rural, em qualquer modalidade, para operação que não tenha natureza ou finalidade agropecuária, é lícita ou constitui desvio de finalidade, mormente considerados os impactos da garantia específica".

É de concluir, em interpretação sistemático-axiológica, que CIR só pode transitar no ambiente do agronegócio, a despeito da redação do acenado inciso. Em se tratando de CPR, contudo, tem-se admitido sua emissão inclusive para pagar compra de carros.

RESUMO ESQUEMÁTICO DOS TÍTULOS DE CRÉDITO DO AGRONEGÓCIO

TÍTULO	EMITENTE	FUNDAMENTO
CÉDULA RURAL PIGNORATÍCIA (CRP)	PRODUTOR RURAL	DL 167/1967 LEI Nº 14.421/2022
CÉDULA RURAL HIPOTECÁRIA (CRH)	PRODUTOR RURAL	DL 167/1967
CÉDULA RURAL PIGNORATÍCIA E HIPOTECÁRIA (CRPH)	PRODUTOR RURAL	DL 167/1967
NOTA DE CRÉDITO RURAL	PRODUTOR RURAL	DL 167/1967
NOTA PROMISSÓRIA RURAL (NPR)	PRODUTOR RURAL	DL 167/1967
DUPLICATA RURAL (DR)	PRODUTOR RURAL	DL 167/1967
CÉDULA DE PRODUTO RURAL (CPR)	PRODUTOR RURAL	LEI Nº 8.929/1994 LEI Nº 10.200/2001 LEI Nº 13.986/2020 LEI Nº 14.421/2022
CERTIFICADO DE DEPÓSITO AGROPECUÁRIO (CDA) E *WARRANT* AGROPECUÁRIO (WA)	ARMAZÉNS E DEPOSITÁRIOS	LEI Nº 9.973/2000 LEI Nº 11.076/2004
CERTIFICADO DE DIREITOS CREDITÓRIOS DO AGRONEGÓCIO (CDCA)	COOPERATIVAS E EMPRESAS QUE EXPLOREM O COMÉRCIO, BENEFICIAMENTO OU PRODUÇÃO DE INSUMOS UTILIZADOS NA AGROPECUÁRIA	LEI Nº 11.076/2000 LEI Nº 13.331/2016
LETRA DE CRÉDITO DO AGRONEGÓCIO (LCA)	BANCOS E INSTITUIÇÕES FINANCEIRAS	LEI Nº 11.076/2004
CERTIFICADO DE RECEBÍVEIS DO AGRONEGÓCIO (CRA)	EMPRESAS SECURITIZADORAS	LEI Nº 11.076/2004
CÉDULA IMOBILIÁRIA RURAL	PRODUTOR RURAL	LEI Nº 13.986/2020 (NOVA LEI DO AGRO)

Com este resumo se encerra o presente capítulo.

Abaixo modelos de alguns dos títulos de crédito do agronegócio.

ANEXO 1
CÉDULA RURAL PIGNORATÍCIA

CÉDULA RURAL PIGNORATÍCIA

1. Cláusula Primeira. Credor e Devedor.

Credor	BANCO DO BRASIL S/A, pessoa jurídica de direito privado com sede em Brasília, na SQN, 231, com CNPJ 32.231.987/0001=21, por sua agência 456 de Londrina, na Av. Tiradentes, 567.
Devedor	AGROPECUÁRIA NOVA MARÍLIA, empresa rural situada em Loanda (PR), no KM 107 da Rodovia do Café, nesta ato representada por seu proprietário, DEUSDETE FERREIRA DE CERQUEIRA, brasileiro, casado, pecuarista, CPF 765.901.987-00.

2. Cláusula Segunda. Datas e condições de pagamento.

Vencimento	05/10/2025
Condições de Pagamento	O Pagamento será realizado em 24 (vinte e quatro) parcelas mensais e sucessivas, mediante pagamento de boleto bancário, com termo inicial em 10/04/2023.

3. Cláusula Terceira. Valor do crédito autorizado.

Crédito	R$ 1.000.000,00 (um milhão de reais)
Utilização	Aquisição de sementes para plantação de capim na Fazenda Nova Marília, num total de 100 toneladas.

4. Cláusula Quarta. Garantia.

Garantia	Cinco tratores Maxion, ano 2020, de pneu 2 RM, em ótimo estado de conservação, ano de fabricação 2020, 150 HP, de propriedade do devedor

Cláusula Quinta. Juros.

IOF	X %
Taxa de Juros Mensal	1,37 % a.m.
Taxa de Juros Anual	16,44 % a.a.

Cláusula Sexta. Praça do Pagamento.

O valor total será pago no município de Londrina, na agência acima identificada.

Londrina/ 03/04/2023

Assinatura.

ANEXO 2
CÉDULA RURAL HIPOTECÁRIA

CÉDULA RURAL HIPOTECÁRIA

1. Cláusula Primeira. Credor e Devedor.

Credor	BANCO DO BRASIL S/A, pessoa jurídica de direito privado com sede em Brasília, na SQN, 231, com CNPJ 32.231.987/0001=21, por sua agência 456 de Londrina, na Av. Tiradentes, 567.
Devedor	AGROPECUÁRIA NOVA MARÍLIA, empresa rural situada em Loanda (PR), no KM 107 da Rodovia do Café, nesta ato representada por seu proprietário, DEUSDETE FERREIRA DE CERQUEIRA, brasileiro, casado, pecuarista, CPF 765.901.987-00.

2. Cláusula Segunda. Datas e condições de pagamento.

Vencimento	05/03/2025
Condições de Pagamento	O Pagamento será realizado em 24 (vinte e quatro) parcelas mensais e sucessivas, mediante pagamento de boleto bancário.

3. Cláusula Terceira. Valor do crédito autorizado.

Crédito	R$ 1.000.000,00 (um milhão de reais)
Utilização	Aquisição de sementes para plantação de capim na Fazenda Nova Marília, num total de 100 toneladas.

4. Cláusula Quarta. Garantia Hipotecária.

Garantia	Lote de terras nº 34, da Gleba nº 17, com área total de 15 alqueires de padrão paulista, do Município de Loanda, registrado no CRI da Comarca de Loanda sob matrícula 198.211

Cláusula Quinta. Juros.

IOF	X %
Taxa de Juros Mensal	1,21 % a.m.
Taxa de Juros Anual	14,52 % a.a.

Cláusula Sexta. Praça do Pagamento.

O valor total será pago no município de Loanda.

Loanda, 22 de março de 2023.

Assinatura.

ANEXO 3
NOTA DE CRÉDITO RURAL

NOTA DE CRÉDITO RURAL

Cláusula Primeira. Credor e Devedor.

Credor	BANCO DO BRASIL S/A, pessoa jurídica de direito privado com sede em Brasília, na SQN, 231, com CNPJ 32.231.987/0001=21, por sua agência 456 de Londrina, na Av. Tiradentes, 567.
Devedor	AGROPECUÁRIA NOVA MARÍLIA, empresa rural situada em Loanda (PR), no KM 107 da Rodovia do Café, nesta ato representada por seu proprietário, DEUSDETE FERREIRA DE CERQUEIRA, brasileiro, casado, pecuarista, CPF 765.901.987-00.

Cláusula Segunda. Datas e condições de pagamento.

Vencimento	05/03/2025
Condições de Pagamento	O Pagamento será realizado em 24 (vinte e quatro) parcelas mensais e sucessivas, mediante pagamento de boleto bancário.

Cláusula Terceira. Valor do crédito autorizado.

Crédito	R$ 1.000.000,00 (um milhão de reais)
Utilização	Aquisição de agrotóxicos na Cidade de Loanda.

Cláusula Quarta. Juros.

IOF	%
Taxa de Juros Mensal	1,11 % a.m.
Taxa de Juros Anual	13,32 % a.a.

Cláusula Quinta. Praça do Pagamento.

O valor total será pago no município X

Londrina, 10 de março de 2023

Assinatura.

ANEXO 4
NOTA PROMISSÓRIA RURAL

NOTA PROMISSÓRIA RURAL Nº 181 Vencimento: 24/9/2023

No dia vinte e quatro de setembro de dois mil e vinte e três pagarei por esta única via de NOTA PROMISSÓRIA a JOÃO DA SILVA, CPF 768.878.099-00, ou à sua ordem a quantia de R$ 25.000,00 (vinte mil reais) em moeda corrente desse país.

Local de pagamento: Londrina/PR Data da Emissão: 24/06/2022

Nome do Emitente: JOSÉ DE ARROIO, CPF: 123.456.789-00
Endereço: Alameda Ipê-Roxo, 453
Londrina – PR
Assinatura do Emitente

ANEXO 5 (FONTE CONAB)
CÉDULA DE PRODUTO RURAL (CPR)

CREDORA: COMPANHIA NACIONAL DE ABASTECIMENTO (CONAB), Empresa Pública Federal, entidade dotada de personalidade jurídica de direito privado, na forma preceituada no § 1.º do art. 173 da Constituição Federal, vinculada ao Ministério da Agricultura, Pecuária e Abastecimento, conforme Lei Nº 9.649/1998 e instituída nos termos da Lei Nº 8.029/1990, localizada em Londrina (PR), na Av. do Café. 345, CNPJ 26.461.699/0001-42 ou à sua ordem, consoante artigo 3.º, inciso III, da Lei Nº 8.929/1994.

EMITENTE: FAZENDA RENO, pessoa jurídica de direito privado, com CNPJ N.º 90.488.990/0001-41, com sede no Município de Paranavaí, na Estrada Jaraguá, KM 107, neste ato representada pelo seu proprietário, SR. DEUSDETE FERREIRA DE CERQUEIRA, brasileiro, casado, pecuarista, portador da Identidade N.º 1.110.111-5, expedida pela SSP-PR e CPF N.º111.111.111-11.

CÉDULA DE PRODUTO RURAL instituída pela Leiº 8.929/1994, pela qual se libera ao emitente o valor de R$ 300.000,00 (trezentos mil reais) para aplicação em cultura agrícola de soja localizada nas terras do emitente no endereço constante no item anterior.

PRODUTO: 2 MIL SACAS DE SOJA DE 60 KG, TIPO BRS 7152, QUE O EMITENTE DEVERÁ ENTREGAR NO ENDERÇO DA CREDORA ACIMA IDENTIFICADO.

VENCIMENTO: Até o dia 25 DE MAIO DE 2023 NAS INSTALAÇÕES DE CREDORA, FICANDO AS DESPESAS DE TRANSPORTE A CARGO DO EMITENTE.

GARANTIAS: Nota Promissória emitida pelo devedor nesta data e anexa à presente cédula

FISCALIZAÇÃO: Concedemos à Conab e a outros órgãos e entidades do Governo Federal livre acesso ao empreendimento/propriedade e/ou mercadoria, com a finalidade de fiscalizar o armazenamento e o beneficiamento da mercadoria. Na ocorrência de irregularidades estamos cientes de que serão adotadas as medidas administrativas e judiciais cabíveis.

PENALIDADE:

o descumprimento das regras do PAA e deste normativo e a identificação de quaisquer inconformidades ou irregularidades pela Conab ou por órgãos de controle externo, poderão ensejar nas providências e/ou penalidades de Suspensão Cautelar do Projeto, Recomendação de Boas Práticas, Cancelamento do Projeto, Denúncia ao Ministério Público Federal, Advertência, Multa e Suspensão de contratar com a Conab por até 2 (dois) anos, sem prejuízo de demais sanções administrativas e judiciais cabíveis;

Na hipótese de mora pela não quitação desta Cédula até o 10º (décimo) dia do seu vencimento, assumimos pagar à Conab, o valor previsto no item 5 desta Cédula, corrigido pela variação do Índice Nacional de Preços ao Consumidor (INPC) ou outro índice que vier a ser instituído, acrescido de juros à razão de 1% (um por cento) ao mês, sem capitalização.

EXEQUIBILIDADE: Estamos cientes de que o descumprimento das condições previstas nesta Cédula ensejará, independentemente de prévia notificação, a adoção de medidas extrajudiciais e/ou judiciais cabíveis para a satisfação deste Título.

ADITIVOS: Conforme previsto no artigo 9.º da Lei Nº 8.929/1994, esta Cédula poderá ser aditada, retificada e ratificada, no todo ou em parte, por intermédio de aditivos que passarão a integrá-la, regendo-a subsidiariamente o Código Civil.

FORO: O foro de eleição é o da Seção Judiciária Federal do domicílio dos emitentes solidários, exceto para os empreendimentos situados na Região do Entorno do Distrito Federal, denominada pelo Incra como SR 28, cujo foro será o da Seção Judiciária Federal do Distrito Federal.

MANUAL DE OPERAÇÕES DA CONAB (MOC): O TÍTULO 33 – APOIO À FORMAÇÃO DE ESTOQUES PELA AGRICULTURA FAMILIAR é parte integrante da presente Cédula de Produto Rural (CPR) disponibilizada no sítio da Conab (http://www.conab.gov.br).

Paranavaí, 23 de março de 2023

____

CONAB – PREPOSTO

____

DEUSDETE FERREIRA DE CERQUEIRA

ANEXO 6 (FONTE CONAB)
CERTIFICADO DE DEPÓSITO AGROPECUÁRIO (CDA) E WARRANT AGROPECUÁRIO (WA)

CERTIFICADO DE DEPÓSITO AGROPECUÁRIO (CDA)

Conab	Sureg: .... UA: .... CNPJ: .... Inscrição Estadual: .... Endereço: .... Telefone/Fax:	CDA N.º (Depósito sujeito à Lei Nº 9.973 de 29/05/2000 e Lei Nº 11.076, de 30/12/2004).

Prazo de Depósito (de/até):

CERTIFICADO DE DEPÓSITO AGROPECUÁRIO (CDA) das mercadorias abaixo especificadas, depositadas nestaUnidade, no armazém CDA N.º ...., em ..../ ..../ ....

Em nome de: .... CPF/CNPJ N.º.......................................

Inscrição Estadual N.º ...., residente a:..

Bairro: .... Município: .... Estado: ....

Lote	Discriminação da Mercadoria	Embalagem	Volume	Peso Líquido (kg)	Peso Bruto (kg)

Observações:

As mercadorias constantes do presente CERTIFICADO DE DEPÓSITO AGROPECUÁRIO (CDA) erespectivo WARRANT AGROPECUÁRIO (WA) estão seguradas pelo valor de R$ ....(.. ....),Companhia de Seguros .... conforme apólice n.º .... nos termos do artigo 22 da Lei Nº 11.076, de 30/12/2004.

NOTAS:

8. O CDA e WA deverão, inicialmente, serem entregues pelo depositante à custódia de instituição legalmente autorizada para este fim, mediante endosso-mandato, contra a entrega de recibo de caução dos títulos.

9. É obrigatório o registro do Certificado de Depósito Agropecuário (CDA) e do Warrant Agropecuário (WA) em sistema de registro e de liquidação financeira de ativos autorizado pelo Banco Central do Brasil, no prazo de até dez dias, contados da data de emissão. Vencido este prazo, os títulos não registrados deverão ser cancelados e substituídos por novos títulos ou Recibo de Depósito.

10. A instituição custodiante é responsável por efetuar o endosso do CDA e do WA ao respectivo credor, após a baixa dos títulos do sistema de registro e de liquidação financeira.

11. As mercadorias somente serão entregues ou transferidas de propriedade contra a devolução do CDA e WA ou documento a que se refere o
§ 4.º do Art. 21 da Lei Nº 11.076, de 30 de dezembro de 2004, ao depositário, pagamentos das despesas devidas ao depositário e cumprimento das obrigações tributárias, principais e acessórias relativas à operação.

12. Além das despesas discriminadas abaixo, também deverão ser pagas, pelo endossatário final dos títulos, as despesas de expedição e braçagem, para retirada das mercadorias.

13. Este título só terá validade se assinado por empregado da Conab devidamente credenciado, por procuração.

14. Para emissão dos títulos, todas despesas de serviços de armazenagem devidos, inclusive da quinzena de emissão, deverão ser quitadas.

DESPESAS INCIDENTES SOBRE O PRODUTO DISCRIMINADO ACIMA

SERVIÇOS	VALOR (R$) E PERIODICIDADE DE COBRANÇA
Armazenagem	
Ad-valorem	
Sobretaxa	
Seguro	
Multa	
Juros	

Emitido em:

Assinatura do Beneficiário ou Preposto sob Carimbo

O prazo de depósito deste WARRANT AGROPECUÁRIO (WA) e respectivo CERTIFICADO DE DEPÓSITOAGROPECUÁRIO (CDA) foi prorrogado até:

Assinatura do Beneficiário ou Preposto sob Carimbo

/076 1ª Via - Depositante

2ª VIA - CERTIFICADO DE DEPÓSITO AGROPECUÁRIO (CDA) (Verso)

RECIBO

Recebi a 1ª via deste **CERTIFICADO DE DEPÓSITO AGROPECUÁRIO (CDA)**, referente a mercadoria nele descrita, que declaro, sob as penas da lei, ser de minha propriedade e estar livre e desembaraçada de quaisquer ônus, bem como, outorgo, em caráter irrevogável, poderes ao depositário emitente deste Título, para transferir a propriedade da mercadoria ao endossatário deste **CDA**, ressalvados os direitos do credor do seu correspondente **WARRANT AGROPECUÁRIO (WA).**

Local e Data	Assinatura do Depositante

1ª VIA – WARRANT AGROPECUÁRIO (WA) (FRENTE)

Conab	Sureg: .... UA: .... CNPJ: .... Inscrição Estadual: .... Endereço: .... Telefone/Fax:	CDA N.º (Depósito sujeito à Lei Nº 9.973 de 29/05/2000 e Lei Nº 11.076, de 30/12/2004).

Prazo de Depósito (de/até):

WARRANT AGROPECUÁRIO (WA) correspondente as mercadorias abaixo especificadas, depositadas nesta Unidade, no armazém CDA N.º ...., em ..../ ..../ .... CPF/CNPJ N.º.., Inscrição Estadual N.º ...., residente a:............................Bairro: .... Município: ....Estado: ....

Lote	Discriminação da Mercadoria	Embalagem	Volume	Peso Líquido (kg)	Peso Bruto (kg)

Observações:

As mercadorias constantes do presente CERTIFICADO DE DEPÓSITO AGROPECUÁRIO (CDA) erespectivo WARRANT AGROPECUÁRIO (WA) estão seguradas pelo valor de R$ ....(....), Companhia de Seguros .... conforme apólice N.º .... nos termos do artigo 22 da Lei Nº 11.076, de 30/12/2004.

NOTAS:

1. O CDA e WA deverão, inicialmente, serem entregues pelo depositante à custódia de instituição legalmente autorizada para este fim, medianteendosso-mandato, contra a entrega de recibo de caução dos títulos.

2. É obrigatório o registro do Certificado de Depósito Agropecuário (CDA) e do Warrant Agropecuário (WA) em sistema de registro e de liquidação financeira de ativos autorizado pelo Banco Central do Brasil, no prazo de até dez dias, contados da data de emissão. Vencido este prazo, os títulos não registrados deverão ser cancelados e substituídos por novos títulos ou Recibo de Depósito.

3. A instituição custodiante é responsável por efetuar o endosso do CDA e do WA ao respectivo credor, após a baixa dos títulos do sistema de registro e de liquidação financeira.

4. As mercadorias somente serão entregues ou transferidas de propriedade contra a devolução do CDA e WA ou documento a que se refere o

§ 4.º do Art. 21 da Lei Nº 11.076, de 30 de dezembro de 2004, ao depositário, pagamentos das despesas devidas ao depositário e cumprimento das obrigações tributárias, principais e acessórias relativas à operação.

5. Além das despesas discriminadas abaixo, também deverão ser pagas, pelo endossatário final dos títulos, as despesas de expedição e braçagem, para retirada das mercadorias.

6. Este título só terá validade se assinado por empregado da Conab devidamente credenciado, por procuração.

7. Para emissão dos títulos, todas despesas de serviços de armazenagem devidos, inclusive da quinzena de emissão, deverão ser quitadas.

DESPESAS INCIDENTES SOBRE O PRODUTO DISCRIMINADO ACIMA	
SERVIÇOS	**VALOR (R$) E PERIODICIDADE DE COBRANÇA**
Armazenagem	
Ad-valorem	
Sobretaxa	
Seguro	
Multa	
Juros	

Emitido em:

Assinatura do Depositário ou Preposto sob Carimbo

O prazo de depósito deste WARRANT AGROPECUÁRIO (WA) e respectivo CERTIFICADO DE DEPÓSITOAGROPECUÁRIO (CDA) foi prorrogado até:

Assinatura do Depositário ou Preposto sob Carimbo

ENDOSSO-MANDATO

Endosso o presente a ordem de... (instituição custodiante), portador do CNPJ N.º ...., Inscrição Estadual N.º ...., situada à .... no Município de: ...., UF .... que passa, a partir

Local e Data	Assinatura do Endossador (depositante inicial)

ENDOSSO FINAL

Endosso o presente a ordem de: .... (credor final), portador do CPF/CNPJ N.º ...., Inscrição Estadual N.º..., não podendo este, a partir desta data, ser mais negociado.

Local e Data	Assinatura do Endossador (instituição custodiante)

ANEXO 7
CERTIFICADO DE DIREITOS CREDITÓRIOS DO AGRONEGÓCIO - CDCA

1. Número de Ordem: 001 / 2017	2. Valor Nominal: R$ 100.000,00

3. Data de Emissão: para todos os efeitos legais será 05 de dezembro de 2023

4. Data de Vencimento: 05 de dezembro de 2024

5. Local da Emissão: Londrina / PR

6. Dados:

6.1. Dados da Emitente:
Nome: X COMÉRCIO DE INDÚSTRIA DE AÇÚCAR E ÁLCOOL LTDA.
CNPJ: 123.456.789-00
Endereço: Parque Industrial Cimarron
Município: Cambé
Estado: Paraná

6.2. Dados da Avalista:
Nome: Felisberto Sapucaia
CPF: 877.989.000-00
Endereço: Rua Doutor Elias César, 55, CEP 87.999-90
Município: Londrina
Estado: Paraná

6.3. Dados da Credora:
Nome: Marquesi Agro Assessoria Ltda
CNPJ: X
Endereço: X
Município: X
Estado: X

7. Remuneração: As parcelas do CDCA serão acrescidas de juros remuneratórios periódicos, incidentes de forma mensal, calculado durante o respectivo período de capitalização, apurados sobre o valor nominal ou saldo do valor nominal, conforme o caso, equivalentes a 100% (cem por cento) da Taxa DI Over, acrescida exponencialmente da sobretaxa de 1,80% ao ano (spread), base 252 (duzentos e cinquenta e dois) dias úteis.

7.1. Forma e Cronograma de Pagamento: A emitente pagará, em caráter irrevogável e irretratável, por este CDCA, emitido em conformidade com a Lei nº 11.076, à Credora, ou à sua ordem, o valor nominal, ou saldo do valor nominal, conforme o caso, acrescido da remuneração, nas condições estabelecidas abaixo:

I. O valor nominal previsto no item 2 acima, será pago em 24 (vinte e quatro) parcelas de forma mensal, observado um prazo de carência de 12 (doze) meses, contados da data de emissão, conforme parcelas do valor nominal e as datas de pagamento previstas no cronograma indicado.

II. A remuneração, calculada de acordo com o item 7 acima, deverá ser paga de forma mensal, a cada data de pagamento de remuneração, nas datas previstas no cronograma indicado.

7.2. Data para Liberação dos Recursos: Os recursos captados por meio deste CDCA serão desembolsados em favor da emitente na Conta de Livre Movimentação, conforme indicado no item 7.3, em até 1 (um) dia útil, contado da data em que for apurado o recebimento, pela Securitizadora, da totalidade dos recursos decorrentes da integralização dos CRA.

7.3. Conta de Livre Movimentação:

Titular	X COMÉRCIO DE INDÚSTRIA DE AÇÚCAR E ÁLCOOL LTDA
Banco	X
Agência	X
Conta Corrente	X

8. Descrição dos Direitos Creditórios do Agronegócio vinculados a este CDCA: Direitos creditórios de titularidade da emitente, decorrentes de fornecimento de açúcar e etanol, nos termos do Contrato de Fornecimento e do Contrato Safra, conforme os percentuais estabelecidos no termo definido Direitos Creditórios Lastro do CDCA.

9. Custodiante dos Direitos Creditórios do Agronegócio e Entidade Registradora do Lastro:

Nome: X Distribuidora de Títulos e Valores Mobiliários Ltda.
CNPJ: X
Endereço: X

10. Conta Centralizadora:

Titular	X
Banco	X
Agência	X
Conta Corrente	X

11. Garantia:

(I) Aval, prestado neste CDCA pelas Avalistas, qualificados no item 6.2. acima.

(II) Cessão Fiduciária, prestada pela X COMÉRCIO DE INDÚSTRIA DE AÇÚCAR E ÁLCOOL LTDA em favor da Securitizadora, com interveniência da credora, constituída por meio do Contrato de Cessão Fiduciária.

12. Encargos Moratórios: Os débitos vencidos e não pagos serão acrescidos, independentemente de aviso, notificação ou interpelação judicial ou extrajudicial, de :

(I) Juros de mora de 1% (um por cento) ao mês, calculados pro rata temporis, desde a data de inadimplemento até a data do efetivo pagamento;

(II) Correção monetária, calculada pela variação do índice geral de preços do mercado (IGP-M), divulgado pela Fundação Getúlio Vargas, desde que respeitada a menor periodicidade definida por lei;

(III) Multa moratória de 2% (dois por cento) sobre o saldo das obrigações.

ANEXO 8
LETRA DE CRÉDITO DO AGRONEGÓCIO – LCA

LETRA DE CRÉDITO DO AGRONEGÓCIO – LCA

Nº 1234 Vencimento em 10 de abril de 2024
Valor de Resgate: R$ 100.000,00 (dez mil reais)

No dia 10 de abril de 2024, pagarei por esta Letra de Crédito do Agronegócio a RT EMPRESA AGROPECUÁRIA, ou à sua ordem, a quantia de R$ CEM MIL REAIS, referente às Cédulas de Produto Rural-CPR, identificadas em documento anexo, pelos seus respectivos números e valores, que ficam vinculados a esta LCA, na forma da Lei nº 11.076, de 30.12.2004 e do Regulamento da Letra de Crédito do Agronegócio-LCA emitida pelo Banco do Brasil, registrado no Cartório Manoel Ribas – 1ª Ofício de Registro de Títulos e Documentos, em Brasília/DF, sob nº 1,345 em data 18.SET.2022.

Esta LCA e os direitos creditórios a ela vinculados ficarão, necessariamente, custodiados junto ao Banco do Brasil S.A. e não será admitida solicitação em contrário. Exceto na hipótese de liquidação antecipada, os juros são devidos à taxa de 1.35 POR CENTO AO ANO, os quais já estão computados no valor de resgate acima especificado.

O pagamento será efetuado na praça de Brasília/DF, mediante crédito à conta bancária indicada por ocasião da compra desta LCA.

Brasília/DF, 12.SET.2022

Banco do Brasil S.A.

CAPÍTULO 6

REFORMA AGRÁRIA

INTRODUÇÃO

O território brasileiro compõe cerca de 40 por cento da superfície física da América do Sul. Sua dimensão equipara-se à do Continente Europeu, sendo certo que o País, que se estende por zona tropical, conta com mais de 400 milhões de hectares aptos para a prática da agropecuária. Compreende-se, portanto, a importância que o setor primário da economia representa para a nação.

Apesar disso e a despeito de o País vir colecionando recordes mundiais nas safras de grãos, o espaço fundiário brasileiro apresenta graves problemas estruturais e sociais, consubstanciados nas figuras do latifúndio e do minifúndio e na questão dos conflitos pelo acesso à terra. Enquanto os dois primeiros vão contra a ideia da democratização e da função socioeconômica da propriedade, a violência no campo tem deixado dezenas de vítimas fatais ano após ano.

A esses três fatores, que diferenciam o perfil agrário do País das nações do Hemisfério Norte, convencionou-se chamar "questão agrária brasileira", um problema de âmbito nacional e cuja solução é objetivo primaz da Reforma Agrária.

Embora realize hoje a maior reforma fundiária do Planeta, o Brasil não tem conseguido resolver ou mesmo atenuar os efeitos da questão agrária. Isso demanda do pesquisador investigação científica para apurar por que razão a política fundiária não tem atingido seus escopos, que, por definição legal, são o de reduzir o número de latifúndios e minifúndios e fazer cessar os conflitos no campo.

O capítulo aqui empreendido examina a formação do perfil fundiário brasileiro, entrelaçando-a aos conflitos pelo acesso à terra e buscando os fatores pelos quais a questão agrária se consolidou no País.

A partir daí, parte para o exame da política de Reforma Agrária e dos instrumentos legais concebidos para sua execução.

Com o advento da superfície agrária na codificação de 2002 e sua grande semelhança com a propriedade, o que faz dela um instituto apto a cumprir uma função socioeconômica, este capítulo indaga de suas possibilidades e vantagens na execução da Reforma Agrária.

A abordagem aqui empreendida é interdisciplinar, ancorada na norma civil, agrária e constitucional. O diálogo entre esses ramos do Direito é necessário, eis que as figuras jurídicas aqui envolvidas estão presentes em todos eles. Trata-se de estudo feito à luz da legalidade constitucional, que toma em apreço os objetos da República Federativa do Brasil presentes no Texto de 1988.

1. A QUESTÃO AGRÁRIA BRASILEIRA

Colonizado a partir de 1534, quando da instalação das Capitanias Hereditárias, o território brasileiro apresenta singular convivência de latifúndios com minifúndios. Forte na Lei nº 8.629/93, que, ao lado da Lei nº 4.504/64, disciplina a Reforma Agrária no Brasil, consideram-se latifúndios todas as áreas maiores que 600 módulos fiscais.

Considerando que o módulo fiscal, nas regiões mais desenvolvidas do País, é de cerca de dez hectares, resulta serem latifundiárias as propriedades com área superior a 6 mil hectares. Os minifúndios, de seu turno, são todas as propriedades inferiores às dimensões do módulo fiscal.

O módulo fiscal, por definição contida na primeira das leis citadas, é a área de terras imprescindível para que uma família consiga manter um mínimo existencial. Segue, portanto, que tanto os latifúndios quanto os minifúndios são elementos nocivos ao ambiente fundiário. Os primeiros são indesejados porque concentram a propriedade nas mãos de poucos, enquanto os segundos são imóveis que não bastam para sustentar uma família, sendo por isso chamados parvifúndios, ou propriedades pobres.

Com efeito, dados os males que uns e outros causam, são ambos hostilizados pelo Direito. Isso se colhe com clareza da referida Lei nº 4.504/64 (Estatuto da Terra), que os considera prioritários para desapropriação para fins de Reforma Agrária (art.20), sendo certo, ainda, que, em relação aos minifúndios, estão vedados os desmembramentos e divisões imobiliários que venham a gerá-los.

É consenso doutrinário que as figuras em questão são nocivas e que sua redução é medida que se impõe. É conhecida a afirmação de

Paulo Torminn Borges (2000, p. 16), para quem o minifúndio, por não ser bastante para propiciar à família que o explora condições dignas de vida, é "uma praga".

E não é apenas no Brasil que eles são um entrave ao desenvolvimento do campo. Em solo mexicano verifica-se idêntico problema. "No minifúndio existem estagnação e imperfeições técnicas que se traduzem em produção insuficiente, baixa produtividade, relações de intercâmbio desfavoráveis e níveis de vida inaceitáveis. Por isso a maioria dos produtores e trabalhadores vive em condições de pobreza" (MOGUEL: 1992, p. 269, livre tradução).

O latifúndio, por sua vez, é tido igualmente como nocivo pela doutrina, como se vê, por exemplo, em Gilberto Freire (1998, p. 29). Eles não apenas concentram a propriedade, como também apresentam, na grande maioria dos casos, baixos índices de produtividade.

Na opinião de Peixoto Neto (2013, p. 15.340), a figura em análise representa a consagração da produção extensiva de baixo nível tecnológico, com uso inadequado das reais potencialidades para a promoção do bem-estar social, contribuindo para a manutenção das desigualdades históricas no meio rural brasileiro, inclusive restringindo de forma excessiva o acesso à terra, que distorce os valores do imóvel rural, criando uma verdadeira bolha imobiliária agrária.

Sem embargo, informações do Atlas da Terra 2015, divulgado pelo CNPq/USP, revelam que cerca de 47 por cento de todo o espaço agrário brasileiro encontra-se nas mãos de apenas 130 mil proprietários, o que faz do Brasil campeão mundial em número de latifúndios, atrás apenas do Paraguai. Já os minifúndios são em número superior a 37 milhões de propriedades, ocupando cerca de 9 por cento do território (MST, 2015, sem página).

A violência no ambiente rural, de seu turno, é inquietante e preocupa. Num espaço de menos de três décadas, ou seja, entre 1985 a 2013, somente o Estado do Pará registrou 645 mortes nos conflitos pela terra, enquanto o Maranhão contou 138 vítimas (MACEDO, 2015, sem página). No ano de 2013, conflitos pela posse da terra em todo país ceifaram 34 vidas (CARVALHO, 2014, p. 1).

É interessante assinalar que a maioria dos conflitos envolvendo a terra tem ocorrido na Região Nordeste, que, a par de apresentar altos índices de pobreza e baixa qualidade de vida, ostenta grande números de latifúndios e minifúndios. De 1985 a 2014, 10.488 conflitos tiveram lugar nessa Região (ALENCAR; CUNHA; MATOS, 2015, p. 69).

Nesse passo, no período de 1985 a 2014, mais de dezenove milhões de pessoas estiveram envolvidas na questão agrária brasileira, o que representa cerca de dez por cento da população (ALENCAR; CUNHA; MATOS, 2015, p. 69), número sem dúvida impressionante. É sintomático que a Região Sul foi a que menos registrou conflitos. Justamente o espaço brasileiro que menos concentra latifúndios e minifúndios.

Diante disso, é possível afirmar que as figuras do latifúndio e do minifúndio guardam conexão com os conflitos pela posse da terra. É de grande importância, para os propósitos deste capítulo, saber como a estrutura fundiária do Brasil chegou à condição atual. Para isso serão examinados os três fatores que compõem a dita questão agrária.

2. NASCIMENTO E CONSOLIDAÇÃO DOS LATIFÚNDIOS

Descoberto o Brasil em 1500 e diante da frustração com a inexistência de metais preciosos, não se interessaram os portugueses pela ocupação e povoamento das novas terras. Seu interesse, como é sabido, só seria despertado com a notícia da descoberta das minas de prata no interior do Continente e com a presença de embarcações espanholas nas costas do Atlântico.

Em 1534 surge o sistema das donatarias, que consistia na concessão de gigantescas porções de terra, chamadas Capitanias, a figuras da nobreza portuguesa. Quinze foram as Capitanias instaladas no Brasil. Sobre elas, exercia o titular poderes de grande amplitude, inclusive o de administração e jurisdição.

Um dos poderes de que dispunha o capitão donatário, e que está na base da questão agrária brasileira, era o de conceder sesmarias. Estas são uma forma de propriedade sobre enormes superfícies agrárias, geralmente envolvendo milhares de hectares e que impunham ao titular, o sesmeiro, obrigações de ocupação e exploração econômica (LIBERATO, 2003, p. 36).

Ocorre que o sistema das sesmarias, conquanto exitoso nas ilhas portuguesas do Atlântico, não apresentou bons resultados no Brasil. A esse sistema se pode atribuir o surgimento dos latifúndios no País. De fato, as sesmarias apresentaram dois grandes problemas: (i) primeiro, sua extensão territorial tornava inviável ocupação e exploração; (ii) segundo, os titulares a quem eram concedidas não se interessavam pelas terras, seja porque imbuídos de intenção especulativa seja por não possuírem recursos econômicos suficientes para explorá-las.

Com efeito, o modelo adotado pelos colonizadores foi, desde o início, o do grande latifúndio. Aqui já se vê um contraste com a colonização britânica efetuada na Costa Leste dos Estados Unidos, baseada nas pequenas propriedades. A experiência portuguesa nas ilhas atlânticas foi exitosa porque havia poucas terras e muitos habitantes dispostos a colonizar. Aqui, as condições eram inversas. Havia grande disponibilidade de terras e escasso contingente de pessoas dispostas a ocupá-las (PRADO JR, 1969, p. 20).

Outro ponto negativo do latifúndio repousava na figura de seu titular. O sesmeiro português não se interessava por vir ao Brasil, ocupar a terra e torná-la produtiva. Antes, era intenção sua manter as terras como reserva de valor, para mais tarde aliená-las a preços vantajosos, em nítido escopo especulativo. Intenção de trabalho não havia, o que vale a dizer que o português parece ter querido colher os frutos antes de plantar a árvore (HOLANDA, 1995, p. 44).

Aqui há outro contraste com o povoamento dos Estados Unidos. Os colonizadores da América do Norte, fugindo de perseguições religiosas em seus países de origem, não tinham opção senão radicar-se nas terras recém-descobertas, ali fixando sua moradia permanente e explorando a terra como forma de sobrevivência. Não lhes animava a ideia de retorno à Pátria. O futuro estava no Novo Mundo.

Os anglo-saxões foram para a América do Norte não em busca de riqueza fácil. Movia-os a hostilidade de que eram vítimas em sua pátria de origem, de onde emigravam na busca de terra onde pudessem cultuar o seu Deus, ler e interpretar a sua Bíblia, trabalhar, ajudarem-se uns aos outros...pois, "ao embarcarem, trazendo consigo todos os haveres, mulheres e filhos, deram as costas à Europa, para fundar deste lado do Atlântico uma nova pátria, a pátria teocrática dos calvinistas" (MOOG, 1974, p. 88).

Isso não aconteceu com o colonizador português, que jamais demonstrou apego pelas terras recém-descobertas. Ao contrário, mesmo tenho recebido em doação significativos espaços rurais, não se animou a vir ao Brasil. Pode-se dizer que esse espírito foi uma constante na colonização da América Latina. Exemplo emblemático está em Cortez, o colonizador espanhol no México, que, em notória passagem histórica, sentenciou: "Não vim aqui para trabalhar como um labrego, mas para buscar ouro".

Não fosse por isso, o sesmeiro português jamais contou com o concurso econômico da metrópole, que nada mais fez senão doar as terras.

Como os sesmeiros já desfrutavam de boa condição de vida na Corte, compreende-se seu descaso para com as sesmarias.

Resultado disso é que, ao chegar a Independência, o território brasileiro é uma mescla de enormes propriedades rurais desocupadas ou deficientemente ocupadas.

De fato, nas palavras de Raymundo Faoro (1991, p. 10), quatro são os fatores que caracterizam a situação fundiária brasileira em 1822: (i) a população é diminuta, comparada à imensidade do território; (ii) as terras estão quase todas repartidas e as que restam estão sujeitas às incursões indígenas; (iii) os grandes proprietários rurais, ainda com propósitos de especulação, proíbem o ingresso de famílias para promover a exploração das terras; (iv) existem muitas famílias vagando de um lugar a outro, sem terras para se fixar ou meios para adquirir glebas exploráveis.

Entende-se, diante disso, que o sistema aqui adotado tenha fracassado. Em 1822, pouco antes da Independência, o modelo sesmarial é extinto, mas seus efeitos perdurarão até os dias presentes, traduzidos na figura do latifúndio de baixa produtividade.

3. NASCIMENTO E CONSOLIDAÇÃO DOS MINIFÚNDIOS

Com a Independência em 1822, o Brasil, que até então se submetia ao direito lusitano, investe-se no poder de criar seu próprio ordenamento jurídico. Contudo, em relação à propriedade agrária, a primeira disposição normativa só surgirá em 1850, com a edição da Lei nº 601, conhecida como Lei de Terras. Isso significa que, nesse espaço de três décadas, não houve qualquer disciplina jurídica regulando o acesso à terra.

Esse período de tempo, que vai da Independência ao advento da Lei nº 601/1850, é o chamado "regime de posses", assim rotulado porque a ocupação se converte no meio padrão de aquisição da terra. Desaparece a figura do título de propriedade, que, como é cediço, sempre decorre da lei. O fato substitui o direito. Posse, e não mais propriedade, passa a ser o mecanismo de acesso à terra (LIMA, 1998, p. 34).

Ocorre que a Lei nº 601/1850, dentre várias disposições normativas, legitimou as posses obtidas naquele trintênio. Assim, quem demonstrasse o exercício da posse e a presença de um documento de concessão acabava por adquirir o domínio. É, sem dúvida, uma forma de usucapião. Essa disposição normativa talvez tenha sido concebida com boas intenções, com o propósito de estimular a ocupação e a produtividade, mas teve efeito contrário.

É que, após, 1850, seguiu-se um período de fraudes e violência. Determinados sujeitos, ávidos de acumular patrimônio, iniciam a prática da "grilagem" de documentos. O método, revelador de falsidade ideológica, consistia num simulacro de carta de concessão de sesmaria. Tratava-se de redigir um documento, com aparência de oficial, pré-datado de muitas décadas e submetido a um processo rústico de envelhecimento (o documento era depositado numa gaveta, onde se aprisionavam grilos). Depois de algumas semanas, o documento, pela ação dos insetos, aparentava ser velho.

O documento grilado servia como prova para legitimar a posse, que era assim convertida em propriedade. A partir daí, exibindo seu título, o sujeito punha-se a desalojar os ocupantes das terras agora legitimadas. Nasce aí uma figura igualmente emblemática do período, o "jagunço", pessoa encarregada de expulsar aqueles que ocupavam as terras legitimadas.

Oprimidos diante da violência, os colonos que haviam fixado moradia e que se achavam a explorar as terras não tinham alternativa senão abandoná-las. Vão, então, clandestinamente, instalar-se nas bordas do latifúndio, em pequenos espaços onde moram a mantêm uma lavoura de subsistência, longe dos olhos do dono da terra.

A legitimação de posses estimula e consolida assim os minifúndios, que, ao lado dos latifúndios, caracterizarão o perfil fundiário brasileiro após 1850.

4. CONFLITOS PELA POSSE DA TERRA

O terceiro dos problemas que afligem o campo é o da violência, que se intensifica com a referida Lei nº 601/1850. Esta, como acima se viu, culminou por arraigar no país latifúndios e minifúndios e, não fosse por isso, proibiu novas doações públicas de terra, o que tornou a propriedade praticamente inacessível às classes não abastadas.

Com o advento da Independência e o vazio legal que se seguiu, as classes campesinas põem-se gradativamente a se rebelar. Ocorre, então, a partir de 1823, uma série de conflitos pelo território nacional. Assinala-se, nesse ano, a Cabanagem, no Pará. Depois, em 1836, eclode a Revolução Farroupilha, no Rio Grande do Sul. Em 1837, na Bahia, tem lugar a Sabinada. Já em 1841 estoura a Balaiada, envolvendo os Estados do Piauí, Maranhão e Ceará. Em 1893, vem à tona a Guerra de Canudos, na Bahia e, 1912, a Guerra do Contestado, nos Estados do Paraná e de Santa Catarina (VARELLA, 1998, p.132 e ss.).

O pano de fundo de todas essas revoltas foi a luta pela terra. Tome-se o significativo exemplo da Guerra de Canudos. Expulsos de suas possessões, milhares de colonos e de ex-escravos vão se refugiar no interior da Bahia e, a partir daí, promover invasões naquela região. Os confrontos daí advindos, tendo, de um lado, os acampados e, de outro, forças públicas e milícias organizadas por latifundiários, resultarão em cerca de 25 mil mortos (CUNHA, 2000, p. 491).

Outro exemplo digno de nota é o da Guerra do Contestado. Sua gênese está na doação feita pelo Governo Federal à empresa britânica *Brasil Railway Company,* que, tendo construído uma ferrovia ligando aqueles Estados do Sul, recebeu em pagamento as terras localizadas numa faixa de trinta quilômetros ao longo de toda a linha férrea. Os agricultores que ocupavam essa área e que não detinham título de propriedade foram expulsos pelo Governo, nascendo daí a revolta que resultaria na morte de centenas de agricultores (ALMEIDA JR, 2011, p. 44).

Embora em intensidade menor, os conflitos agrários seguiram no Século XX. Nos anos sessenta, uma campanha de invasões à propriedade rural desenvolveu-se no Sul e no Nordeste, com o apoio do Partido Comunista Brasileiro. Os conflitos só seriam encerrados com a Revolução de 1964, quando os militares tomam o poder no País.

Houve relativa paz no campo durante vinte anos. Mas, com a reabertura política em 1985, os conflitos pela posse da terra recrudesceram em todas as regiões do País. Em 1985, quando do surgimento do lago de Itaipu e consequente desapropriação dos imóveis ribeirinhos a preços menores que os de mercado, é fundado o Movimento dos Trabalhadores Rurais Sem-Terra (MST). Este organismo nasceu com o propósito declarado de forçar o Poder Público a implementar e executar a Reforma Agrária no Brasil.

Dentre os métodos empregados pelo MST, sobressai o das invasões, meio pelo qual se pratica o esbulho. Outro meio muito empregado pelo organismo é o da ocupação de praças e edifícios públicos e o bloqueio de rodovias e de pedágios. Os conflitos daí resultantes mostraram-se nefastos em alguns casos, como no episódio de Eldorado do Carajás, em 1999, quando dezenove manifestantes foram mortos pela Polícia. No mesmo ano, 44 pessoas perderam a vida em conflitos agrários (MARQUESI, 2009, p. 134).

Expostos assim os fatos, colhe-se a conclusão de que o território brasileiro, composto por grande número de latifúndios e de minifúndios, é um ambiente inseguro, o que impõe a necessidade de planejamento e execução de uma política de Reforma Agrária.

5. REFORMA AGRÁRIA

Para atingir o escopo da presente investigação, impende examinar, ainda que sucintamente, duas questões referentes à Reforma Agrária, ou seja, sua natureza de direito fundamental e os mecanismos eleitos pelo legislador para sua consecução.

5.1. FUNDAMENTALIDADE

Considera-se Reforma Agrária o conjunto de medidas destinadas a "estabelecer um sistema de relações entre o homem, a propriedade rural e o uso da terra, capaz de promover a justiça social, o progresso e o bem-estar do trabalhador rural e o desenvolvimento econômico do país, com a gradual extinção do minifúndio e do latifúndio" (Lei nº 4.504/64, art. 16).

Colhe-se do conceito legal que a Reforma Agrária tem como premissa o fato de que tanto os latifúndios quanto os minifúndios são modelos indesejados de propriedade. E já se sabe, porque isso foi dito nos itens anteriores, que, enquanto os primeiros concentram a propriedade e são geralmente improdutivos, os segundos não propiciam à família agricultora um mínimo existencial.

A Reforma Agrária tem assento constitucional, conforme previsão do art. 184 e ss. do Texto de 1988. Encartada no Título da Ordem Econômica e Financeira, ela concorre decisivamente para o atingimento dos objetivos da nação brasileira, constantes no art. 3º. do mesmo Texto e que repousam na construção de uma sociedade justa, livre e solidária, na garantia do desenvolvimento nacional, na erradicação da pobreza e marginalização, na diminuição das desigualdades sociais e regionais e na promoção do bem-estar de todos.

Por isso que alguns autores consideram a política reformista um direito humano fundamental (LIBERATO, 2004, p, 79). Ser fundamental significa que a Reforma no campo é obrigação do Poder Público, que deverá buscar mecanismos eficazes para implementá-la.

Importante registrar que, em várias passagens, os tribunais superiores do Brasil têm se referido à Reforma Agrária como direito da sociedade e dever do Estado. Emblemático acórdão do Superior Tribunal de Justiça assim se pronunciou a respeito das campanhas de invasão promovidas pelo MST no interior do Pais:

> Pergunto se não seria uma reforma agrária de baixo para cima, uma pressão social, já que o governo está tranquilo há não sei quantos anos, quando todas as nossas Cartas e as nossas Constituições estão apregoando a reforma agrária (STJ, 6ª. Turma, HC 4399, Rel. Min. Luiz Vicente Chernicchiaro, j. 12.mar.1996).

O que realmente interessa é a propriedade agrária cumprir sua função socioeconômica. Esta, consoante o art. 186 da Constituição, ocorre quando ela obedece a fatores econômicos, ambientais, trabalhistas e de bem-estar. Tal a condição que deve imperar no espaço agrário brasileiro. Ora, atingir um tal estado, diante de exacerbado número de latifúndios e minifúndios e dos conflitos pela posse agrária, só será possível com medidas reformistas.

Postas tais ideias, veja-se agora como a implementação da Reforma Agrária concorre para a concretização dos ideais democráticos no Brasil.

5.2. REFORMA AGRÁRIA E DIGNIDADE DA PESSOA

Feitas as necessárias observações, examina-se agora a questão da Reforma Agrária ao lado do princípio cardeal da dignidade da pessoa. Como se sabe, um dos fundamentos sob o qual assenta o Estado brasileiro é o da dignidade. Trata-se de um conceito indeterminado, dada a impossibilidade de defini-lo. Por isso preferem os autores, ao invés de tentar lhe conferir um conceito fechado, descrever os valores que o integram.

Trazendo a questão da terra para a órbita daquele princípio, podem ser mencionados a moradia, a saúde e o bem-estar. Juntos, eles dão concretude ao valor "dignidade da pessoa". São direitos de índole fundamental e, no caso, compõem o tripé que alicerça a dignidade no campo.

Note-se que a função socioeconômica da terra, prevista no art. 186 da CF, estabelece a regra geral de que ela é atingida quando garante o bem-estar do proprietário e possuidores. É o que se vê do inciso IV, que se refere à exploração que favorece o bem-estar dos proprietários e trabalhadores em geral.

Todavia, os itens anteriores trataram de demonstrar que a questão agrária brasileira impede o atingimento do bem-estar no campo. Sendo a pequena e média propriedade uma exceção no perfil fundiário, predominam latifúndios e minifúndios. Como fazer, então, para que esse estado de coisas venha a se alterar?

A resposta já se sabe: somente a Reforma Agrária será capaz de atenuar as mazelas que atingem o campo, seja reduzindo o número de latifúndios e minifúndios, com estímulo assim à empresa rural, seja controlando a violência. Como se viu, são esses os fatores que impedem o funcionamento socioeconômico da terra no Brasil.

Sem embargo, é sabido que a Reforma Agrária é algo que caminha a passos lentos no Brasil. E isso por duas razões: primeiro, pela escassez de recursos financeiros; segundo, pela falta de vontade política, sendo certo que, em relação a esta última, não se nota empenho em levar adiante um projeto consistente e sustentável do acesso à terra.

Para que a tanto se chegue necessária é a participação popular, conceito intrinsicamente associado à ideia da democracia.

5.3. DESAPROPRIAÇÃO

Conhece o direito brasileiro três modalidades de desapropriação de Imóveis, cada uma delas diferenciada por sua motivação. A primeira é a desapropriação por utilidade pública, a segunda é a desapropriação por necessidade pública e a terceira é a desapropriação por interesse social. Todas se aplicam a imóveis urbanos e rurais. Interesse a este estudo a última delas, que, quando destinada à reforma agrária, será chamada "desapropriação por interesse social para fins de reforma agrária". É a dicção presente no art. 184 da CF e no art. 2º., § 2º., da Lei nº 8.629/93.

Só podem ser desapropriadas para reforma agrária a propriedade que não estiver cumprindo sua função socioeconômica, ou seja, que não estiver a observar aqueles incisos do examinado art. 186. Antes de tudo, cabe observar que, à luz da jurisprudência das Cortes superiores, não se pode desapropriar a propriedade produtiva, por expressa vedação do art. 185, II, da CF. Numerosos autores, dentre os quais estes escritores, criticam esse dispositivo, acoimando-o de ineficaz por ofender o art. 5º., XXIII, do mesmo Texto, que, como foi dito, arrola a função socioeconômica da propriedade como direito fundamental[1].

1 Veja-se, por todos, Gustavo Tepedino, *in* Premissas Metodológicas para a constitucionalização do Direito Civil. *Problemas de Direito Civil-Constitucional.* Rio de

Nas duas vezes em que chamado a decidir, entendeu o STF pela impossibilidade de desapropriação de terras produtivas. Vejam-se os acórdãos:

> A propriedade produtiva, independentemente de sua extensão territorial e da circunstância de o seu titular ser ou não proprietário de outro imóvel rural, revela-se intangível à ação expropriatória do poder público em tema de reforma agrária (art. 185, II), desde que comprovado, de modo inquestionável pelo impetrante, o grau adequado e suficiente de produtividade fundiária (STF, Tribunal Pleno. v. un. MS 22022-ES, Rel. Min. Celso de Mello. j. 07.10.94, DJ 04.11.94, p. 29.829);
>
> Caracterizado que a propriedade é produtiva, não se opera a desapropriação-sanção – por interesse social para os fins de reforma agrária –, em virtude de imperativo constitucional (CF, art. 185, II), que excepciona, para a reforma agrária, a atuação estatal (STF, Tribunal Pleno. Mv, MS 22193-SP, Rel. Min. Ilmar Galvão. j. 21.3.96, DJ 29.11.96, p. 47.160).

Não cabe nos limites desta obra discutir se a propriedade produtiva pode ou não ser desapropriada para fins de reforma agrária[2].

Pragmaticamente falando, a desapropriação para reforma agrária só pode acontecer em áreas improdutivas, embora possam elas não estar observando sua função socioeconômica. O processo de desapropriação é híbrido, pois se desenrola em ambiente administrativo e depois judicial, sendo certo que a competência para tais atos é exclusiva da União.

Suspeitando o INCRA que uma grande propriedade é improdutiva, poderá deflagrar um processo administrativo de desapropriação, que compreende duas fases, (i) a vistoria e a (ii) avaliação. A vistoria, de que será previamente notificado o proprietário ou preposto, permite àquele

Janeiro: Renovar, 2002, p. 15A propriedade produtiva, a que se refere o art. 185, torna insuscetível de desapropriação não a propriedade apenas economicamente produtiva, meramente especulativa – não a propriedade com a qual talvez tenham sonhado os autores desse dispositivo; mas a propriedade que, sendo produtiva, esteja efetivamente cumprindo a sua função socioeconômica, cujo exercício possa ser associado à da redistribuição de riqueza; que promova com a sua utilização os princípios fundamentais República;

2 Para aprofundamento veja-se o meu *A Propriedade-Função na Perspectiva Civil-Constitucional.* 2.ed. Curitiba: Juruá, 2012;

órgão ingressar no imóvel para nele colher dados, seja quanto à produtividade seja quanto às benfeitorias (Lei nº 8.629/93, art. 2º. e parágrafos). Registre-se que, pela dicção do § 6º., imóveis invadidos em disputa pela terra não poderão ser vistoriados nem avaliados senão depois de dois anos após cessado o esbulho.

Efetuada a vistoria, vem a fase de avaliação e esta será feita por Engenheiro Agrônomo, na forma do art. 12, § 3º., daquela lei. Ao promover a avaliação, deverá este profissional observar os parâmetros contidos no caput do artigo, é dizer, (i) localização e dimensão do imóvel, (ii) aptidão agrícola, (iii) dimensão do imóvel, (iv) área ocupada, (v) ancianidade das posses e funcionalidade, (vi) tempo de uso e estado de conservação das benfeitorias.

As benfeitorias têm sua avaliação apartada, pois devem ser indenizadas à vista e em dinheiro. Já a terra nua não será indenizada nem à vista nem em dinheiro, mas sim em TDA (Títulos da Dívida Agrária), cujo prazo de resgate varia de 5 a 20 anos, conforme o tamanho da área desapropriada[3]. Quanto maior a área, mais longo será o prazo de resgate.

Com a apresentação da avaliação abre-se a oportunidade de as partes transigirem, desde que o proprietário aceite o valor da indenização. Na negativa, será aberto processo judicial de desapropriação a ser conduzido no Juízo Federal, com a possibilidade de imissão provisória na posse.

A respeito da competência para a desapropriação para fim de reforma agrária, recolhe-se que "a Constituição Federal de 1988 veio a espancar qualquer dúvida que ainda pudesse existir sobre a possibilidade de outras entidades políticas, que não a União, promoverem a desapropriação por interesse social, deixando claro que apenas a expropriação por interesse social, para fins de reforma agrária, é que é privativa da União." (MORAES SALLES: 2006, p. 902).

3 "A parcela indenizatória a ser paga por TDA sujeita-se à correção monetária e aos juros compensatórios. Precedentes". (STJ, 2ª. Turma, REsp. 1739750 / CE, Rel. Min. Campbell Marques, j. 22.maio.2022;
"Nos termos da jurisprudência do Superior Tribunal de Justiça, é "cabível a cominação de multa diária (astreinte) contra a Fazenda pública como meio executivo para cumprimento de obrigação de fazer ou entregar coisa (arts. 461 e 461-A do CPC), inclusive para obrigar autarquia federal a providenciar a escrituração de Títulos da Dívida Agrária (TDA) para o pagamento de indenização pactuada em decorrência de desapropriação, por interesse social, para fins de reforma agrária" (STJ, 2ª. Turma, REsp. 1658810 / PR, Min. Assuete Magalhães, j. 11.fev.2021);

No prazo de 3 anos contados da desapropriação deverá a União destinar o imóvel para assentamento de trabalhadores rurais previamente cadastrados (Lei nº 8.629/93, art. 16). A distribuição de terras destinadas a assentamentos, nos termos da Lei nº 13.001/2014, será feita mediante (i) título de domínio; (ii) concessão de uso ou (iii) concessão do direito real de uso.

O título de domínio atribui a propriedade ao assentado. Mas, assim como a concessão do direito real de uso, são inegociáveis pelo prazo de 10 após a concessão, podendo ser resolvidos caso o beneficiário não imprima uma função socioeconômica na terra recebida, nos termos do art. 21 daquela lei.

Em relação ao lote, não poderá ser ele menor do que 2 módulos fiscais. O Plano de Reforma Agrária é que definirá a área.

6. CONFISCO

Confisco e desapropriação não se confundem, e isso por duas razões: a uma, porque a desapropriação é indenizável e o confisco, não; a duas, porque as hipóteses do primeiro são bem mais restritas que a da segunda. Em se tratando de reforma agrária, como foi visto, só estão sujeitas a confisco as terras onde se cultivem plantas psicotrópicas ou explorem trabalho escravo. Já a desapropriação tem lugar apenas em terras improdutivas.

Confisco, no setor da reforma agrária, é o ato pelo qual o Poder Público, diante das hipóteses de trabalho escravo ou exploração de culturas psicotrópicas, toma para si, sem indenização, propriedade agrária particular

Uma questão que por algum tempo desenvolveu-se sobre o confisco foi a da extensão da superfície expropriada quando, nas plantas psicotrópicas, somente uma parte do imóvel se dedicasse a esse plantio. Nesse caso, o imóvel todo deve ser confiscado ou somente a porção onde se pratica o ilícito? Exemplo: numa propriedade de 80 hectares, dos quais 20 estejam ocupados por maconha, confiscam-se os oitenta ou somente os vinte?

Plantas psicotrópicas ou alucinógenas são os vegetais que, submetidos a processão de transformação ou manipulação, são capazes de agir no sistema nervoso central dos seres humanos e provocar-lhe danos. Exemplo: maconha, papoula, coca etc.

A questão chegou ao STF, que assim decidiu:

> RECURSO EXTRAORDINÁRIO. CONSTITUCIONAL. EXPROPRIAÇÃO. GLEBAS. CULTURAS ILEGAIS. PLANTAS PSICOTRÓPICAS. ARTIGO 243 DA CONSTITUIÇÃO DO BRASIL. INTERPRETAÇÃO DO DIREITO. LINGUAGEM DO DIREITO. LINGUAGEM JURÍDICA. ARTIGO 5º, LIV DA CONSTITUIÇÃO DO BRASIL. O CHAMADO PRINCÍPIO DA PROPORCIONALIDADE. 1. Gleba, no artigo 243 da Constituição do Brasil, só pode ser entendida como a propriedade na qual sejam localizadas culturas ilegais de plantas psicotrópicas. O preceito não refere áreas em que sejam cultivadas plantas psicotrópicas, mas as glebas, no seu todo (...) (STF, Pleno, RE 543974/MG, Rel. Min. Eros Grau, j. 26.mar.2009).

Como se percebe, o vocábulo "gleba", inserto no art. 8.257/1991, que regulamentou o art. 243 da CF, foi interpretado literalmente, para abranger não só a área efetivamente explorada, mas todo o imóvel onde ela se instala. Gleba é a unidade imobiliária, não uma fração dela.

É de levar em conta que o confisco é uma sanção ao proprietário que pratica ato ilícito valendo-se de seu imóvel. Não se trata apenas de valorar a ilicitude da conduta, senão também o fato de que a terra é o meio naturalmente apto à produção de alimentos. A condição do proprietário que nada produz é diferente daquele que, podendo explorar a terra para produzir alimentos, produz psicotrópicos. O primeiro deles age omissivamente; o segundo, comissivamente.

Sem embargo, entendimento existe de que somente a área objeto da efetiva exploração é que deve ser confiscada, não todo o imóvel. Veja-se, por todos, Maria Celina Bodin de Moraes (2014, p. 40).

REFERÊNCIAS

ALEXY, Robert. *Sistema jurídico, principios jurídicos y razón practica.* p. 139-151 Revista DOXA n. 05 1988. Disponível em http://www.cervantesvirtual.com/portal/DOXA/cuadernos.shtml;

ALENCAR, Francisco A. G.; CUNHA, Gabriela B.; MATOS. Helaine S. Panorama dos conflitos e da violência no espaço agrário brasileiro de 1985-2014. *Conflitos no Campo Brasil 2014.* Goiânia: Comissão Pastoral da Terra, 2015. Edmundo Rodrigues Costa (coord.)

ALMEIDA JR., Jair. *A Religião Contestada.* São Paulo: Fonte Editorial, 2011.

ALVES, Carolina C. N. et al. Entre o Real e os Limites da Moldura: apontamentos críticos sobre o acesso à propriedade e a ocupação Prestes Maia. In *Apontamentos Críticos para o Direito Civil Brasileiro Contemporâneo.* Curitiba: Juruá, 2007, p. 118. Coord. Eroulths Corthiano Jr. et al;

ANTUNES, Paulo B. *Direito Ambiental.* 15ª ed. São Paulo: Atlas, 2013;

ARAÚJO, Luis C. M. *Princípios do Direito Ambiental.* Revista da AGU, v. 106, p. 1, 2010;

ASSOCIAÇÃO BRASILEIRA DE CRÉDITO E ASSISTÊNCIA RURAL. A ABCAR como instrumento de desenvolvimento da política agrícola. *repositorio.ipea.gov.br/handle/11058/7831. Sítio consultado em 14.mar.2018;*

AZEVEDO, Álvaro Villaça. *Teoria Geral dos Contratos Típicos e Atípicos.* 3ª ed. São Paulo: Saraiva, 2009;

__________. *Teoria Geral das Obrigações e Responsabilidade Civil.* 12ª ed. São Paulo: Atlas, 2011;

AYALA, Patrick; LEITE, José R. *Dano Ambiental.* Rio de Janeiro: Forense, 2006;

BENATTI, José Helder; CHAVES, Rogério Arthur Friza Chaves; HABER, Lilian Mendes; ROCHA, Ibraim; TRECCANI, Girolamo Domenico. *Manual de Direito Agrário Constitucional: lições de direito agroambiental.* Belo Horizonte: Fórum, 2010;

BERTOLDI, Marcelo M. *Curso Avançado de Direito Comercial.* 9ª ed. São Paulo: RT, 2015.

BESSONE, Darcy. *Da Posse.* São Paulo: Saraiva, 1996;

BOBBIO, Norberto. *A Era dos Direitos.* 9ª ed. Rio de Janeiro: Elsevier, 2004;

BODIN DE MORAES, Maria Celina. Interpretação e aplicação do disposto no art. 243 da Constituição, que prevê a expropriação de glebas onde forem localizadas culturas ilegais de plantas psicotrópicas. *Civilistica.com. Rio de Janeiro, a. 3, n. 1, jan.-jun./2014.*

BORGES, Paulo Torminn. *Institutos Básicos do Direito Agrário.* São Paulo: Saraiva, 1994;

BRASIL. *Boletim de Direito Imobiliário.* No. 11, São Paulo, out.2001; Verbete "contrato de fica ou fico";

__________. Instituto do desenvolvimento agropecuário e florestal sustentável do Estado do Amazonas *IBGE destaca a importância da Extensão Rural no Brasil.* http://www.idam.am.gov.br/ibge-destaca-a-importancia-da-extensao-rural-no-brasil/. Sítio consultado em 13.mar.2018;

__________. Ministério da Agricultura, Pecuária e Abastecimento. *Mata Ciliar.* http://www.agencia.cnptia.embrapa.br/Agencia16/AG01/arvore/AG01_66_911200585234.html. Sítio consultado em 03.mar.2018;

__________. Preços Mínimos – PGPM. http://www.conab.gov.br/conteudos.php?a=540&t= Sítio consultado em 13.mar.2018;

__________. Pensamento Verde. *Você sabe o que é o smog?* sahttp://www.pensamentoverde.com.br/meio-ambiente/voce-smog/

BUENO, Francisco de Godoy. *Arrendamentos e Parcerias Rurais – Questões Civis e Tributárias Relevantes.*

CANOTILHO, J. J. Gomes. *Direito Constitucional.* 4ª ed. Coimbra: Almedina, 1986;

CARRERA, Rodolfo Ricardo. *Bases de la teoria agrobiológica del Derecho Agrario.* In: *Derecho Agrario para el desarrollo.* Buenos Aires: Depalma, 1978;

CARVALHO, Érika M. *Tutela Penal do Patrimônio Florestal Brasileiro.* São Paulo: RT, 1999;

CARVALHO, Eduardo. Disputas pela posse da terra mataram 15 índios em 2013, diz Cpt. http://globo.com/brasil/noticia/2014/04. Sítio consultado em 11.mai.2015

CASALI, Nely L. *Os compromissos de compra e venda de imóveis urbanos e rurais.* São Paulo: 1992. Tese de doutoramento. Pontifícia Universidade Católica de São Paulo;

COELHO, Fábio U. *Curso de Direito Comercial.* 8ª ed. São Paulo: Saraiva, 2004, p. 369, v. 1.

COELHO, Lutz. *Contrato Rural de Pastoreio ou Invernagem.* https://www.facebook.com/lutzcoelhoadvogados/photos/a.317928198332282.1073741827.317128708412231/434267560031678/?type=3. Acesso em 03.mar.2018;

CONAB-COMPANHIA NACIONAL DE ABASTECIMENTO. Levantamento de Safra. http://www.conab.gov.br/conteudos.php?a=1253&ordem=criterioSafra1. Sítio consultado em 13.mar.2018;

CORDEIRO, António Manuel da Rocha e Menezes. ***Da boa-fé no direito civil.*** Coimbra: Almedina, 2007;

COSTA, José Bezerra. *Arrendamento Rural. Direito de Preferência.* Goiânia: AB, 1993;

CUNHA, Euclides. *Os Sertões.* Rio de Janeiro: Record, 2000

DERBLI, Felipe. *O princípio da proibição de retrocesso social na Constituição de 1988.* Rio de Janeiro: Renovar, 2007;

DINIZ, Maria Helena. *Curso de Direito Civil Brasileiro.* 32ª ed. São Paulo: Saraiva, 2016. V. 3;

FACHIN, Luiz Edson. *Direito Civil: sentidos, transformações e fim.* Rio de Janeiro: Renovar, 2015;

FAORO, Raimundo. *Os Donos do Poder.* V. 2. São Paulo: Globo, 1991.

FAZZIO JR., Waldo. *Manual de Direito Comercial.* 14ª ed. São Paulo: Atlas, 2013;

FERRETO, Wilson. *Contratos Agrários: aspectos polêmicos.* 3ª ed. São Paulo: Saraiva, 2017;

FERRETTO, Wilson. *Contratos agrários. Questões polêmicas.* São Paulo: Saraiva, 2009;

FIORILLO, Celso Antonio Pacheco. *Direito do Ambiente.* 17ª ed. São Paulo: Saraiva, 2017;

FRANCO, Nancy M. F.; RODRIGUES, Rafael M. *Títulos de Crédito do Agronegócio.*

FULGÊNCIO, Tito. *Da posse e das Ações Possessórias.* 6ª ed. Rio de Janeiro: Forense, 1984, V. I, p. 20. Aguiar Dias (atual.);

GARCIA, Otávio H.; ZANIN, Fabrício C. Endosso. http://www.ambito-juridico.com.br/site/index.php?n_link=revista_artigos_leitura&artigo_id=2916. Sítio consultado em 11.mar.2018;

GIORGIANNI, Micheli. *O Direito Privado e suas atuais fronteiras.* trad. Maria Cristina de Cicco. Revista dos Tribunais, v. 747, São Paulo, jan.1998;

GOMES, Orlando. Curso de Direito Civil. 19 ed. Rio de Janeiro: Forense, 2005. Atualização de Luis Edson Fachin;

IHERING, Rudolf von. *Teoria simplificada da posse.* Bauru: EdiPró, 1999. Pinto de Aguiar (trad.);

IRTI, Natalino. *L´etá della decodificazione.* 4ª ed. Milano: Giuffrè, 1999

LACORTE, Cristiano. *A validade jurídica do documento digital.* Jus Navigandi, Teresina, ano 10, n. 1078, 14 jun. 2006. Disponível em: <http://jus.com.br/revista/texto/8524>. Acesso em: 05 mai. 2009.

LIBERATO, Ana Paula Gularte. *Reforma Agrária. Direito Humano Fundamental.* Curitiba: Juruá, 2003.

LIMA, Manuel O. *O Movimento da Independência, 1821-1822.* 6ª ed. Rio de Janeiro: Topbooks, 1997.

LOUREIRO, Francisco E. *A Propriedade como Relação Jurídica Complexa.* Rio de Janeiro: Renovar, 2003;

MACHADO, Paulo A. L. *Direito Ambiental Brasileiro.* 20ª ed. São Paulo: Malheiros, 2012;

MACEDO, Wellington. Chacina coloca o Pará na liderança dos mortes por conflitos agrários. *Conlutas. Central Sindical e Popular.* http://csp-conlutas.org.br/2015/03. Sítio consultado em 11.mai.2015;

MAMEDE, Gladston. *Direito Empresarial Brasileiro.* 14ª ed. São Paulo: Atlas, 2022;

__________. *Títulos de Crédito.* 4ª ed. São Paulo: Atlas, 2008;

MARQUES, Benedito Ferreira. *Direito Agrário Brasileiro.* 6ª ed. Goiânia: AB, 2005;

MARQUESI, Roberto W. *A Propriedade-Função na Perspectiva Civil-Constitucional.* Curitiba: Juruá, 2012;

__________. Desconsideração da pessoa jurídica causadora de dano ambiental. In: Ana Claudia Corrêa Zuin Matos do Amaral; Jussara Susi Assis Borges Nasser Ferreira. (Org.). *Empresa, Negócio Jurídico e Responsabilidade Civil.* 1ed.Florianópolis: Qualis Editora, 2015, v. 1, p. 1-26.

__________. Fronteiras entre o direito público e o direito privado. *Revista Jus Navigandi,* ISSN 1518-4862, Teresina, ano 10, n. 908, 28 dez. 2005. Disponível em: <https://jus.com.br/artigos/7788>. Acesso em: 5 fev. 2018;

_________. *Os princípios do contrato na nova ordem civil. Revista Jus Navigandi,* ISSN 1518-4862, Teresina, ano 9, n. 513, 2 dez. 2004. Disponível em: <https://jus.com.br/artigos/5996>. Acesso em: 5 fev. 2018.

MARTINS-COSTA, Judith. *A Boa-Fé no Direito Privado.* São Paulo: RT, 1999;

MESSINEO, Francesco. *Manual de Derecho Civil y Comercial.* Buenos Aires: EJEA, 1979, Tomo III, p. 203. Santiago Sentis Melendo; Antonio Neppi (trad.);

MILARÉ, Édis. *Direito do Ambiente.* 8 ed. São Paulo: RT, 2013;

MIRANDA, Acir G. *O Instituto Jurídico da Posse Agrária.* Belém: Cejup, 1992;

MIRANDA, Rodrigo F.A. *CPR: uma solução de financiamento.* https://www.milkpoint.com.br/artigos/producao/cpr-uma-solucao-de-financiamento-19414n.aspx. Sítio consultado em 13.mar.2018;

MIRRA, Álvaro L.V. Ação civil pública e a reparação ao meio ambiente. São Paulo: Imprenta; 2004;

MOGUEL, Julio. *Reforma Constitucional y luchas agrarias en el marco de la transición salinista. Autonomía y Nuevos Sujetos Sociales en el Desarollo Rural.* México: 1992, Século XX Editores. BOTEY, Carlota; HERNÁNDEZ, Luiz; MOGUEL, Julio (org.);

MOOG, Viana. *Bandeirantes e Pioneiros.* 11ª ed. Porto Alegre: 1974MORAES, Maria C. B.

MORAES SALLES, José C. *A desapropriação à luz da doutrina e da jurisprudência.* 5ª ed. São Paulo: RT, 2006;

HOLANDA, Sérgio B. *Raízes do Brasil.* 26ª ed. São Paulo: Companhia das Letras: 1995

OLIVEIRA, Liziane P. S.; TOLENTINO, Zelma T. *Pachamama e o Direito à Vida: uma reflexão na perspectiva do novo constitucionalismo latino-americano.* Veredas do Direito, Belo Horizonte, v.12, n.23 pp.313-335. Janeiro/Junho de 2015;

OPITZ, Oswaldo; OPITZ, Sílvia *Contratos agrários no Estatuto da Terra.* Porto Alegre: Borsoi, 1970.

_________. Curso Completo de Direito Agrário. 8ª ed. São Paulo: Saraiva, 2014;

PACHECO, Iara Alves Cordeiro. *Parceria e Falsa Parceria*. Revista LTr. Legislação do Trabalho e Previdência Social. V. 53, No. 10, 11.159-1.162, out.1989;

PEDROLO, Caroline. *Chuva Ácida. https://www.infoescola.com/quimica/chuva-acida/* Sítio consultado em 03.mar.2018;

PEIXOTO NETO, Pedro Accioly S. A luta contra o latifúndio: essencial na segurança alimentar e na sustentabilidade. *Revista do Instituto do Direito Brasileiro.* Ano 2 (2013), no. 13. http://www.idb-fdul.com

PINHEIRO, Frederico Garcia. Empresa Agrária na Legislação Brasileira. https://jus.com.br/artigos/47713/empresa-agraria-na-legislacao-brasileira/2. Sítio consultado em 12.jan.2018;

PINTO FERREIRA, Luiz *Enciclopédia Saraiva do Direito.* São Paulo: Saraiva, 1977, V. 62, p. 149, verbete "propriedade". Rubens Limongi França (coord.);

PRADO JR, Caio. *Evolução Política do Brasil.* Brasiliense, 1969.

PRIEUR, Michel. *O Princípio da Proibição de Retrocesso Ambiental.* Senado Federal. Comissão do Meio Ambiente. Brasília: 2012, p. 17. José Antônio Tietzmann e Silva (trad.);

RODOTTÀ, Stefano. *Il Terribile Diritto.* Bologna: Mulino, 1990;

RODRIGUES, Sílvio. Direito Civil. 28 ed. São Paulo: Saraiva, 2002. V. 5;

ROQUE, Sebastião. Warrant e Conhecimento de Depósito: dois títulos de crédito irmãos e bem sugestivos. *Conteúdo Jurídico. www.conteudo-juridico.com.br.* Sítio consultado em 15.07.2015;

SALVAT, Raymundo. *Tratado de Derecho Civil Argentino. Derechos Reales.* Buenos Aires: TEA, 1952, T. II, p. 43;

SERPA LOPES, Miguel. *Direito Civil.* Rio de Janeiro: Forense, 1996. V. 5;

SILVA, Clóvis Couto. A Obrigação como Processo. São Paulo: FGV, 2017;

SILVA, José Afonso. *Direito Ambiental Constitucional.* São Paulo: Malheiros, 1993;

SILVA, Larissa R. *O Princípio da Proibição do Retrocesso no Direito Ambiental Brasileiro.* Monografia de Graduação. Brasília: Universidade de Brasília. 2013;

SILVA, Luiz E. S. *As queimadas nos canaviais, o Superior Tribunal de Justiça, o artigo 27, parágrafo único, do Código Florestal e o princípio do desenvolvimento sustentável.* ww.conteudojuridico.com.br/artigo,as-queimadas-nos-canaviais-o-superior-tribunal-de-justica-

-o-artigo-27-paragrafo-unico-do-codigo-florestal-e-o-,25311.html. Sítio consultado em 03.mar.2018;

SIRVINSKAS, Luís Paulo. *Manual de Direito Ambiental.* 9ª ed. São Paulo: Saraiva, 2011;

SCIALOJA, V. *Teoria della proprietà nel diritto romano.* Saopaolesi: ARE, 1992;

TAMA, Mário. Agricultura vira Salva-Vidas da Economia Brasileira. Revista Exame, 19.jul.2017. *Vidashttps://exame.abril.com.br/economia/agricultura-vira-salva-vidas-da-economia-brasileira/. Sítio consultado em 13.mar.2018;*

TARTUCE, Flávio. *Função socioeconômica dos Contratos.* 2ª ed. São Paulo: GEN, 2007;

TEPEDINO, Gustavo. Premissas Metodológicas para a constitucionalização do Direito Civil. *Problemas de Direito Civil-Constitucional.* Rio de Janeiro: Renovar, 2002

VARELLA, Marcelo Dias. *Introdução ao Direito à Reforma Agrária.* Leme: Led, 1998

VENOSA, Sílvio S. *Direito Civil. Teoria Geral das Obrigações e Teoria Geral dos Contratos.* 5ª ed. São Paulo: Atlas, 2005;

VIANA MOOG, Clodomir. *Bandeirantes e Pioneiros: paralelos entre duas culturas.* 11ª ed. Porto Alegre: 1974